LA

DERNIÈRE INSURRECTION

EN ALGÉRIE

LA DERNIÈRE

INSURRECTION

EN ALGÉRIE

PAR

PIERRE DE BUIRE

Extrait du CORRESPONDANT

PARIS

CHARLES DOUNIOL, LIBRAIRE-ÉDITEUR

29, RUE DE TOURNON, 29

—

1864

LA

DERNIÈRE INSURRECTION

EN ALGÉRIE

Après des années de la tranquillité la plus complète, après que
les Algériens mêlés à nos soldats ont partagé leurs dangers dans
les deux hémisphères, une insurrection a subitement éclaté dans
la province d'Oran, où elle a sévi avec violence. Le public a appris
cette nouvelle avec une douloureuse inquiétude, et comme ce mouvement coïncidait avec une révolte ouverte dans le royaume de Tunis,
avec des violences dont plusieurs de nos nationaux étaient victimes
aux extrémités de l'empire de Maroc, on pouvait se demander s'il
s'agissait d'une conspiration générale contre l'influence française,
d'une réaction de l'islamisme contre la prépondérance chaque jour
plus sensible de l'Occident chrétien. Les difficultés qui avaient paru
surgir au Maroc ont été de suite aplanies. La question tunisienne se
dégage chaque jour davantage de celles qui auraient pu la compliquer.
L'insurrection de la province d'Oran est comprimée et la plupart des
tribus révoltées ont fait leur soumission. Le moment est donc propice
pour jeter un coup d'œil attentif sur les événements dont l'Algérie
vient d'être le théâtre, et qui ont donné lieu dans la presse française
et étrangère aux appréciations les plus contradictoires.

C'est un voyage long et pénible, celui qu'il faut entreprendre pour
atteindre les contrées qui ont vu naître et grandir la dernière insurrection. Par dela le Tell de la province d'Oran, qui s'élève en gradins
successifs jusqu'à trente-cinq ou quarante lieues de la mer, règne la
zone un peu plus large des hauts plateaux, et en l'atteignant on dé-
passe tous les postes avancés, créés à l'époque où Abd el Kader nous

disputait la possession du pays : Tiaret, Saïda, Daya et Sebdou. On a laissé derrière soi les derniers vestiges de la civilisation pour entrer dans des plaines arides, où les cultures ont disparu, où l'eau est rare et saumâtre, souvent même chargée de gypse et de sels de soude qui la rendent tout à fait impropre à la boisson. Cette vaste étendue de terrain parcourue par de nombreux troupeaux, paissant l'alfa, le dis et les plantes salines, n'est pas aussi uniformément plate qu'on le croirait au premier coup d'œil. De toutes parts les eaux se dirigent vers le centre et aboutissent à des bas-fonds sans issue, les uns d'une médiocre étendue, deux seulement d'une vaste superficie : ce sont les Chotts, qui partout ailleurs seraient de véritables lacs ; mais l'évaporation y est si active, le sol superficiel est tellement sablonneux, que l'eau ne s'y rencontre en quantité un peu notable qu'après un violent orage, ou lorsque les ruisseaux ont été enflés par la fonte des neiges, fort abondantes dans ces hautes régions. En toute autre saison, les Chotts ne présentent que des mares boueuses, impraticables aux animaux et à l'homme, séparées par de vastes plaques de sable, et la plupart des ruisseaux disparaissent avant de les atteindre. Les bords corrodés des ravines attestent la violence des courants ; mais là aussi, l'eau est presque toujours absente. Ce n'est qu'après avoir creusé le sable à une certaine profondeur, qu'on la rencontre retenue, comme dans les Chotts, par un sous-sol d'argile ou de grès. Le voyageur est donc toujours dans l'incertitude sur l'abondance et la profondeur des ressources précaires qu'il pourra trouver ; mais une étude attentive les a fait mieux connaître des gens du pays. Ils savent en quels endroits les berges abruptes et resserrées cachent des poches plus profondes : ces étranglements portent le nom de *keneg*. Ailleurs le lit s'élargit, ne contient que la quantité de sable nécessaire pour protéger la nappe souterraine contre l'ardeur du soleil : ces endroits privilégiés, d'un accès facile, où l'on va de préférence abreuver les troupeaux, sont les *redirs*, les délices des caravanes. Ils exposent cependant à de fréquentes déceptions : car le passage d'une tribu errante peut en épuiser le contenu toujours modique, l'engorgement des canaux souterrains peut changer le cours des eaux. Trompeur comme un redir est une expression proverbiale. Faute d'autres ressources cependant, les ruisseaux, plus exactement les lignes des redirs, sont les voies obligées de communication, les routes dont sans périr on ne saurait s'écarter. C'est dans leur voisinage que les populations peu nombreuses des hauts plateaux établissent leurs campements, qu'elles sont forcées de transporter plus loin après l'épuisement des sources et des herbages.

Le bassin du Chott ech Chergui, ou de l'est, appartient aux Harrars, celui du Chott er Rarbi (on prononce aussi Gharbi), ou de l'ouest, aux Hamyans. Les uns et les autres nourrissent, sur le territoire immense

qu'ils parcourent, des chevaux, des ânes, une petite quantité de cha-
meaux et un nombre considérable de moutons. La guerre, à laquelle
ils ont pris une part très-active, avait amené la perte d'une grande
partie des troupeaux ; et des personnes à portée d'être bien informées
nous ont assuré qu'ils possédaient encore alors quatre millions de
bêtes à laine, chiffre qui pourtant paraît excessif. Les habitants des
hauts plateaux sont tributaires de ceux du Tell, à qui ils demandent
des grains en échange de leurs laines, et ils regardent d'un œil d'envie
les richesses d'une terre plus favorisée, sur laquelle ils sont toujours
tentés de faire de fructueuses razzias, ce qui leur a valu une assez
mauvaise réputation. Les Hamyans surtout, que la proximité du Maroc
où ils pouvaient autrefois se réfugier rendait plus hardis, passeraient
pour les plus redoutables pillards, si les tribus marocaines des Beni
Snassen et des Maïas ne l'emportaient sur eux.

Le rivage de la mer, qui depuis Tunis jusqu'à Ténès a une direction est-ouest, s'incline à l'ouest-sud-ouest dans la province d'Oran, et
toutes les zones de terrains, les chaînes de montagnes lui restent parallèles. C'est donc de l'est-nord-est à l'ouest-sud-ouest que se dirige
un rameau détaché du Djebel Amour, centre géologique de la Barbarie, qui termine la zone des hauts plateaux. Il porte le nom de
Ksel dans le voisinage des Harrars, et ne se compose pas d'une chaîne
unique, mais d'une série de plissements parallèles, ayant une quin-
zaine de lieues d'épaisseur. Peu accentués vers les hauts plateaux,
des pentes roides ou des escarpements marquent leur chute du côté du
désert. La végétation des vallées est semblable à celle du Tell, les
sources y sont assez abondantes et elles se dirigent vers le sud, à travers des fractures violemment ouvertes dans la chaîne. Les ravins que
parcourent ces émissaires sont donc étroits, rapides et d'un parcours
difficile. Ce sont cependant les véritables portes du désert presque in-
accessible partout ailleurs.

Les hauts plateaux, de si peu de ressources pour l'homme, paraissent des pays vraiment fortunés en comparaison du petit désert, nom
que l'on donne à l'espace compris entre la montagne et les grandes
oasis des Beni Mzab, d'Ouaregla, de Gourara et de Touat. La chaleur
étant plus ardente, les ruisseaux y disparaissent plus promptement,
laissant dans les redirs des ressources plus vite taries, et si l'on s'é-
tonne de quelque chose dans cette contrée où la pluie est presque
inconnue, c'est d'y rencontrer quelquefois de l'eau et de la verdure.
Longtemps les voyageurs ont béni la Providence, sans comprendre par
quels moyens elle leur dispensait ses bienfaits. Plus instruits des lois
de la physique, nous pouvons dévoiler ce mystère. La pureté du ciel
et la nature du sol permettent pendant les nuits presque toujours
calmes de l'hiver un refroidissement extraordinaire. La gelée blanche

couvre la terre, qui s'imprègne avidement d'humidité aux premiers rayons du soleil, et la conduit souvent au loin, dans des bas-fonds qui s'enrichissent des vapeurs condensées sur une vaste étendue. Quelquefois aussi, une fonte de neige abondante remplit au loin les redirs, mais plus habituellement les nomades souffrent de la disette d'eau. Ils sont misérables, et dépendent, pour leur subsistance, de leurs supérieurs religieux les Ouled Sidi Cheik (ou Chiqr, pour nous conformer à l'orthographe officielle).

C'est dans ces régions des hauts plateaux du Ksel et du petit désert, si déshéritées à peu d'exception près, qu'a éclaté la dernière insurrection, sous la conduite des Ouled Sidi Chiqr.

Sidi Chiqr ben Abou Bekr était un saint marabout qui prétendait descendre en ligne directe d'Abou Bekr, beau-père de Mahomet et premier khalife ; aussi ses descendants dans leur généalogie remontent-ils sans interruption jusqu'à Adam, et on serait fort mal vu dans le Sahara algérien, si l'on contestait cette antique et vénérable noblesse. Sidi Chiqr[1], selon la légende, était un personnage d'une piété et d'une sainteté exemplaires, ayant le don de faire des miracles, don qu'il a transmis à sa postérité et spécialement à l'aîné de ses descendants. On en conte dans les veillées de nombreux et singuliers exemples. Ce qui est plus avéré pour nous autres infidèles, c'est l'immense influence qu'il acquit sur toutes les populations comprises entre le Tell, la frontière de Maroc et le Djebel Amour. Il en profita pour établir avantageusement sa famille ; elle possède aujourd'hui toute la contrée montagneuse qui fait suite aux hauts plateaux, et les petites oasis créées dans le désert, au debouché des ravins. Les meilleurs pâturages sont à elle ; à elle aussi les oasis à palmiers d'El Biod Sidi Chiqr et de Brizina et plusieurs villages de la montagne, dont les principaux sont Ghassoul et Stitten, où l'on trouve de belles sources, des jardins, des vergers, mais point de palmiers encore. La tribu des Ouled Sidi Chiqr n'est pas très-nombreuse, mais elle s'est rallié beaucoup de serviteurs, elle est riche et son importance est facile à comprendre, puisqu'elle joint à la prééminence religieuse l'avantage de tenir sur une étendue de soixante à quatre-vingts lieues tous les défilés par lesquels le nord et le sud de l'Afrique peuvent entretenir des relations. Aussi les Ouled Sidi Chiqr exercent-ils une sorte de suzeraineté sur les Saharis d'une

---

[1] Sidi signifie monseigneur. Ce titre et ses abréviations si et sid ne s'appliquent guère qu'à des chefs religieux. Les prophètes sont qualifiés cérémonieusement au pluriel : Sidna Aïssa est notre Seigneur Jésus, le Christ, regardé par les Musulmans comme le plus grand prophète après Mahomet. Les serviteurs religieux d'un *Sidi* prennent le nom de *Khoddam*, et son représentant dans la direction d'une école ou d'une confrérie s'appelle *Moukhaddem*. Ces noms reviendront plusieurs fois dans le cours de cette étude.

part, les Harrars de l'autre, et même sur les montagnards du Djebel Amour. Leur influence religieuse de ce côté n'est bornée que par celle des marabouts d'Aïn Madhi, les Tedjinis. Une seule chose a manqué à leur fortune. Sidi Chiqr, parmi les dons nombreux qu'il possédait, n'a pas eu celui d'entretenir la bonne harmonie entre ses descendants, que des haines furieuses ont souvent armés les uns contre les autres, et les plaines voisines des redirs ont été fréquemment arrosées du sang de leurs khoddams.

Après la soumission des tribus des hauts plateaux, l'autorité française se trouva en contact avec les deux chefs des Ouled Sidi Chiqr, Si Hamza pour ceux de l'Est, Si Et-Taïeb pour ceux de l'Ouest. On négocia quelque temps leur soumission, qu'ils firent d'assez mauvaise grâce, et, en 1851, lors de l'apparition du faux chérif Mohammed ben Abdalla [1], dont les attentats devaient nous forcer à intervenir jusqu'aux limites du grand désert, on acquit bien vite la preuve que tous deux nous trahissaient. Si Hamza fut arrêté et interné à Oran ; Si Et-Taïeb se réfugia au Maroc, où il est resté avec une fraction de sa tribu, faisant des courses sur notre territoire lorsqu'il croyait l'occasion favorable. Mohammed ben Abdalla, qui avait établi à Ouaregla le siége de son pouvoir, soumit en assez peu de temps les nomades, fit coup sur coup des razzias importantes sur nos alliés, et enfin se rendit maître de Laghouat et du Djebel Amour. Un pareil état de choses ne pouvait être toléré. L'expédition de Laghouat fut résolue, et l'on en connaît le succès.

Lorsque cette expédition fut décidée, le général Deligny, alors chef divisionnaire du bureau arabe d'Oran, pensa qu'il était nécessaire de combattre par une influence religieuse les prédications du soi-disant chérif, et il proposa la réintégration du chef des Ouled Sidi Chiqr dans le commandement de sa tribu. L'espèce d'exil qu'il venait de

---

[1] A une époque où l'on appréciait mal la valeur individuelle des chefs indigènes, ce Mohammed fut nommé par le gouvernement français au khalifat de Tlemcen. Il y donna des preuves de mauvais vouloir et d'incapacité qui obligèrent de l'éliminer. Pour y mettre des formes, on l'engagea à fixer sa résidence à la Mecque, exil honorable qu'il accepta le cœur ulcéré. Quelques années plus tard, lorsque la république française parut avoir des embarras sérieux, le gouvernement du sultan songea à utiliser les rancunes de l'ex-khalifa. Izzet, pacha désigné de Tripoli, l'alla trouver, l'endoctrina ainsi que quelques autres réfugiés algériens, les emmena avec lui dans son pachalic et leur fournit, avec quelque argent, de nombreuses lettres de recommandation et les moyens d'atteindre le Sahara. Mohammed ben Abdalla profita, pour se faire le chef d'un mouvement insurrectionnel, de son nom qui, d'après une prophétie, est celui du *Moule saâ*, du maître de l'heure, qui doit décider notre expulsion de l'Afrique, et se donna faussement pour chérif, ou descendant de Mahomet. Il ensanglanta pendant quatre ans le Sahara avant d'être rejeté dans la régence de Tunis. En 1861 il tenta une nouvelle expédition, fut pris par le fils aîné de Si Hamza (mort aujourd'hui), et est détenu en France.

subir paraissait devoir lui servir de leçon, et on crut l'attacher à notre cause en lui donnant un pouvoir plus étendu qu'il n'en avait jamais eu. C'était mal connaître le caractère de l'homme qui, dans l'exercice de ses fonctions de thaumaturge, avait contracté des habitudes invétérées de ruse et d'hypocrisie, jointes à une cupidité excessive, même pour un Arabe. Si Hamza ne tarda pas à mettre à une rude épreuve la patience des commandants français par ses excentricités de tout genre. Il faut ajouter cependant qu'il rendit, en maintes circonstances, des services signalés. Ainsi, dès son entrée en fonctions, il complétait avec ses goums l'investissement de Laghouat, et faisait d'immenses razzias sur les tribus insoumises. Les profits de ce genre d'expéditions étaient, il est vrai, de nature à lui plaire ; mais il ne montra pas moins d'énergie et ne s'épargna pas dans d'autres occasions où il n'y avait que des coups à donner et à recevoir. En 1853, on eut de nouvelles preuves de sa capacité dans une lutte contre Mohammed ben Abdalla, qu'il combattit à outrance, chassa d'Ouaregla et poursuivit très-loin dans le Sud. Les succès qu'il obtint alors firent voir combien sa fidélité était chancelante. Accueilli avec enthousiasme par les Saharis, au double titre de vainqueur et de chef religieux, il parut disposé à se déclarer indépendant. Le danger fut conjuré par la prudence et les sages mesures du général Durrieu, qui alla chercher dans Ouaregla même, à 250 lieues de la côte, l'indocile khalifa, et l'obligea à reconnaître publiquement la suprématie de cette France au nom de laquelle il était parti, et qui l'avait secondé par des corps de troupes françaises et indigènes habilement échelonnés. Ce ne fut pas sans peine que Si Hamza, gorgé de rapines, se décida à suivre le général Durrieu à son retour ; mais les richesses accumulées dans les ksour de Ghassoul, de Sidi-Chiqr et de Brizina étaient sous notre main, et il crut plus sage de céder. D'autres fois encore la conduite de Si Hamza n'a pas paru à l'abri de tout soupçon : ainsi, lorsque son fils accompagna le capitaine Colonieu dans la course qu'il fit pour nouer des relations avec l'oasis de Touat, il est douteux qu'il ait loyalement secondé cet officier et cherché à lui éviter l'affront de revenir sans même avoir été reçu dans l'oasis. On sait d'ailleurs qu'il n'a jamais cessé d'entretenir des relations secrètes avec Si Et-Taïeb, retiré au Maroc, et avec les chefs des confréries religieuses de cet empire, qui sont nos ennemis les plus acharnés. Quoi qu'il en soit, tant qu'il vécut, sa fidélité intéressée ne se démentit pas ouvertement. Grâce à des ménagements sans nombre, à une certaine tolérance pour des exactions très-patiemment souffertes par ses khoddams, on trouva en lui un serviteur très-utile, et la tranquillité du petit désert et des oasis ne fut jamais troublée. On avait eu le soin, d'ailleurs, de se ménager un point d'appui à la frontière du pays des

Ouled Sidi Chiqr et des hauts plateaux : le poste de Géryville, construit sur les ruines d'un ksar abandonné, et relié aux postes de Saïda et de Tiaret par deux lignes de caravansérails qui, à chaque étape, assurent un abri aux voyageurs et aux petits détachements. Les derniers événements ont prouvé l'utilité de cette création, car Géryville et plusieurs caravansérails sont devenus les lieux de dépôt des munitions et des vivres des colonnes mobiles, la base de toutes les opérations poursuivies dans le Sud.

Les hommes influents du pays sont des intermédiaires indispensables de l'administration française ; elle les a toujours accueillis avec bienveillance, leur a parfois même pardonné une défection et rendu leur pouvoir ; mais, désireuse de substituer autant que possible son action directe à la leur, elle s'efforce, lorsqu'ils meurent, de partager leur pouvoir entre plusieurs héritiers, ou de le restreindre, s il n'y en a qu'un seul. Si Hamza mourut subitement en 1861, au retour d'un voyage à Alger. L'aîné des fils qui lui restaient, Si Sliman, succédait à son autorité religieuse, comme chef de la famille de Sidi Chiqr. Il avait toujours été éloigné des affaires ; cette circonstance, jointe à son jeune âge, servit de prétexte pour ne lui conférer que le titre de bach-aga ou chef des agas, au lieu de celui de khalifa (lieutenant du gouverneur) qu'avait possédé son père, et pour réduire la part du pouvoir qui lui était délégué. Si Sliman ne cessa de réclamer contre cette décision et de solliciter un titre qui lui semblait devoir être héréditaire dans sa famille. Il sentait avec amertume qu'on faisait une grande différence entre son père et lui, et qu'il n'était pas traité avec les mêmes égards. Après un voyage à Oran, où il renouvela ses demandes, accompagnées des plus ardentes protestations de dévouement, blessé d'un dernier refus et mécontent de ses rapports avec le commandant de Géryville, Si Sliman quitta sa résidence, emmenant avec lui dans le Sud ses khoddams les plus dévoués. Il avait arrêté son départ de concert avec son oncle Si Et-Taïeb, devenu depuis quelque temps le conseil de ses jeunes neveux, et qui poussait alors les Hamyans à la révolte. Ces événements se passaient à de telles distances de nous que l'on n'avait pas attaché d'abord une grande importance à la fugue de Si Sliman, que l'on considérait comme une incartade de jeune homme ; mais, lorsque, vers la fin du mois de mars, on apprit qu'il se rapprochait de Géryville, après avoir réuni un goum [1] nombreux, et en même temps les menées de Si Et-Taïeb chez les Hamyans, il ne fut plus permis de fermer les yeux, d'autant plus que le poste de

[1] Les goums sont les contingents de cavaliers que les tribus doivent fournir pour seconder les colonnes expéditionnaires. Ils sont toujours dirigés par les chefs de la tribu.

Géryville n'était gardé que par une compagnie de tirailleurs indigènes. Le commandant du cercle de Sebdou se rendit chez les Hamyans pour les maintenir dans le devoir et interdire tout accès aux maraudeurs marocains. Le colonel Beauprêtre, commandant du cercle de Tiaret, partit, de son côté, pour Géryville, avec une très-faible colonne, composée de 40 soldats du bataillon d'infanterie légère d'Afrique, de 60 tirailleurs indigènes et d'un escadron de spahis. Il emmena aussi un goum des Harrars, qu'il prit sur sa route.

Le colonel Beauprêtre était un soldat de fortune, le fils d'un tailleur de pierres de Salins. Entré dans l'armée comme simple soldat, il avait rapidement conquis tous ses grades par son rude courage et d'importants services, et s'était voué d'une manière toute spéciale à la vie d'Afrique. Chef du bureau arabe d'Aumale, il avait, par ses courses audacieuses, à la tête des goums, contraint à la soumission toutes les tribus limitrophes de la Kabylie, et porté au loin dans la montagne la terreur du nom français. Quand l'expédition qui devait soumettre les montagnards du Jurjura fut décidée, il parut nécessaire d'avoir les renseignements les plus exacts sur les ressources des habitants et les dispositions qu'ils faisaient pour résister. Beauprêtre, confiant dans la perfection avec laquelle il parlait les dialectes berbères, se déguisa, parcourut la Kabylie, fréquenta les marchés et se mêla à tous les groupes où il entendait provoquer un appel aux armes. Une fois il faillit être pris, tua l'homme qui l'avait reconnu et réussit à s'évader. Le dévouement habituel des goums menés si souvent par lui à la victoire, l'habitude de constants succès dans les entreprises les plus périlleuses, lui avaient donné une confiance qui devait finir par lui être fatale.

Parti le 24 mars de Tiaret, il était, le 7 avril au soir, à la fontaine d'Aïn bou Bekr, près du ksar de Stitten, et à huit lieues environ à l'est de Géryville, dont il voulait interdire l'approche à Si Sliman. Ses fantassins étaient fatigués par une longue marche, et le goum chargé de la garde du camp établit ses postes tout à l'entour. Y avait-il déjà chez les Harrars une pensée de défection? cédèrent-ils alors seulement aux exhortations du marabout? C'est ce que l'on ne sait pas encore; mais la plupart s'éloignèrent pendant la nuit et quelques-uns revinrent même avec les ennemis se ruer sur le camp qu'ils devaient protéger. Un peu avant le jour, un cri d'alarme met tout le monde sur pied. Le colonel s'élance en chemise sur un cheval qu'il n'a le temps ni de seller ni de brider, et se trouve aussitôt en présence de Si Sliman, qu'il tue après en avoir reçu un coup de feu dans l'épaule. Commencé ainsi par la mort des deux chefs, le combat se continue avec acharnement. L'infanterie, qui parvient à se grouper, vend chèrement sa vie, tandis que les spahis et quelques cavaliers du goum cherchent à se frayer un chemin vers Géryville, tentative dans laquelle la moitié seulement réussit.

Pendant que les fugitifs y apportaient l'effrayante nouvelle de ce massacre, elle était colportée de toutes parts avec une incroyable rapidité [1], et le désastre, grossi en passant de bouche en bouche, était exploité par le fanatisme comme le prélude de notre expulsion du pays. Un frère de Si Sliman, Si Mohammed, le remplaçait comme chef des révoltés et appelait aux armes toutes les tribus qui reconnaissaient la suzeraineté de Sidi Chiqr ; les Harrars se joignaient à lui, et l'insurrection s'étendait dans le petit désert et chez les Laghouati du Djebel Amour, tandis qu'à l'ouest elle était arrêtée par la présence chez les Hamyans de la colonne de Sebdou. Quelques détachements épars dans le pays soulevé durent au bonheur et à la fermeté de leurs chefs d'éviter le sort du malheureux Beauprêtre.

Géryville est à plus de soixante-dix lieues de Mascara et à quatre-vingt-quinze d'Oran. Plusieurs jours se passèrent donc avant que l'on y connût les faits que nous venons de raconter ; mais des mesures promptes et vigoureuses furent prises pour châtier les révoltés et venger la mort de nos soldats. Le général Martineau des Chenetz, commandant la subdivision de Mascara, le général Deligny, commandant la province d'Oran, se mirent immédiatement en marche avec les troupes dont ils disposaient, tandis que le général Jusuf, commandant la province d'Alger, prenait la route de Djebel Amour, et que le gouvernement envoyait des renforts en Afrique : le 77e de ligne à Alger, le 83e de ligne dans la province de Constantine, et le 10e bataillon de chasseurs à pied dans celle d'Oran.

Le plus rapproché du théâtre de la lutte, le général Martineau, rencontra le premier l'ennemi. Se portant sur Géryville, par la route directe de Saïda, il arrivait le 26 avril à Aïn Lagta, près d'un caravansérail qui a succédé à un ksar ruiné. Une troupe de 4 à 5,000 hommes, presque tous cavaliers, l'y attendait. Cette première rencontre avec les insurgés devait avoir une influence morale considérable. Aussi, bien qu'il n'eût avec lui que cinq escadrons de chasseurs et un de spahis, moins de 700 chevaux, le général leur ordonna de charger, en les faisant appuyer par un bataillon de zouaves. La

---

[1] La rapidité avec laquelle se répandent en Algérie les nouvelles qui nous sont défavorables a toujours excité la surprise des personnes les plus familiarisées avec les habitudes locales. En 1849, au début du siége de Zaatcha, une attaque des chasseurs à pied fut repoussée et un colonel du génie y reçut un coup de feu à l'épaule, qu'il fallut désarticuler. L'échec et ce détail si particulier de la blessure étaient transmis à Djigelly, à travers les pays arabes et kabyles, avant d'être connus à Constantine par les autorités françaises. Ces communications sont le fait des khouans, ou confréries religieuses dont il sera question plus loin.

disproportion des forces rendit l'affaire meurtrière; mais la discipline l'emporta bientôt sur une fougue désordonnée, et les armes de précision, venant au secours des sabres de la cavalerie, l'ennemi se retira en désordre avec une perte énorme. Le lendemain, en franchissant le dernier pli montagneux qui le séparait de Géryville, le général Martineau eut encore à déloger les contingents du marabout; mais, dégoûtés par leur échec de la veille, ils ne firent pas une grande résistance. Ayant ainsi dégagé et ravitaillé ce poste important où il laissait ses blessés, il se dirigea le 30 à travers le pays des Hamars, à la rencontre du général Deligny, qui quittait le même jour la petite ville de Frenda. La contrée allait ainsi être parcourue en tous sens, et surtout dans la direction des fontaines. On se proposait pour but de fatiguer les populations, les immenses troupeaux qu'elles traînent avec elles, en leur interdisant l'accès de l'eau, toujours rare dans le voisinage du désert, et de les contraindre par là à se soumettre ou à accepter un combat dont l'issue ne pouvait être douteuse.

Le général Deligny était retardé par la nécessité d'amener un grand approvisionnement de vivres et d'organiser dans les hauts plateaux un dépôt entre Saïda, Frenda et Géryville. Il choisit le caravansérail de Kereg el Souk (le défilé du marché), au delà des Chotts, et ce fut seulement le 12 mai qu'il put le quitter, laissant au général Martineau le soin d'assurer ses communications pendant qu'il allait à son tour s'enfoncer dans le Sud. Le lendemain il était attaqué par Si Mohammed, qui avait réuni les contingents des Ouled Sidi Chikr, des Harrars et de plusieurs tribus de Laghouath du Djebel Amour, au nombre d'environ 3,000 cavaliers, portant 600 fantassins en croupe. La colonne française comptait au plus 1,800 hommes d'infanterie et 550 chevaux, outre 450 cavaliers des goums fidèles. C'était peu, mais assez pour pouvoir manœuvrer. Aussi, lorsque la cavalerie ennemie, refoulant les goums lancés en éclaireurs, eut déposé dans les anfractuosités des ravins les fantassins qu'elle portait en croupe, elle fut coupée par un mouvement rapide de l'infanterie française et décimée par le feu des carabines rayées, tandis que les malheureux fantassins étaient sabrés par nos spahis.

Cette affaire, plus décisive que celle du 26 avril, déconcerta l'ennemi, qui devait subir le jour suivant des pertes plus grandes encore. Le général Deligny, feignant de se porter sur Géryville, tourna subitement à gauche, avant qu'on pût lui disputer les passages difficiles du Ksel, et arriva à Stitten après un léger engagement. Les habitants, qui avaient la conscience chargée de l'attentat commis sur le colonel Beauprêtre, se trouvèrent cernés à l'improviste. Stitten est l'un de ces ksar, ou villages fortifiés, où les tribus nomades viennent déposer leurs richesses, et qui sont des centres de commerce importants, eu égard au pays. Des sources, dont les eaux sont aménagées avec un soin extrême, arrosent des vergers d'un grand rapport, clos de haies et de murettes de torchis. Toutes sortes de cultures secondaires y croissent à l'ombre des grands arbres. Au centre des jardins se trouve le village, dont les maisons, construites en torchis, couvertes en terrasses, sont, comme dans tout le Sud, petites et malpropres. Telles quelles, cependant, elles suffisent au bonheur des habitants, qui jouissent avec une satisfaction orgueilleuse des avantages que leur position sédentaire leur donne sur les nomades. Ceux-ci, dont la vie est plus rude, et mêlée de bien plus de privations, ont une meilleure santé, une constitution plus robuste, et déclarent que n'étant retenus par aucun lien à un endroit plutôt qu'à un autre, ils jouissent de la véritable liberté. Ils affectent un profond mépris pour les *hadars*, ou habitants des villes, et, cependant, s'il leur arrive de découvrir une source, si un puits artésien est foré par nos soins, ils s'y établissent aussitôt, tout prêts à en défendre la possession par les armes. Hadars et nomades, d'ailleurs, ne paraissent pas se douter du bien-être et de la santé qu'ils pourraient acquérir au prix de quelques soins de propreté.

Un monceau d'immondices recouvrant des amas de grains, de laines brutes et ouvrées, de nattes, de tapis, et tout cela au milieu du plus ravissant fouillis de verdure, tel était Stitten, le 14 mai, lorsque la colonne française, débouchant des hauteurs, vit la population éperdue à ses pieds. Les habitants s'efforçaient de fuir, les contingents que nous avions battus la veille pillaient leurs alliés, estimant qu'autant valait prendre une part d'un si riche butin que de nous l'abandonner tout entier. Tout cela ne dura guère. Tourné à droite par les tirailleurs indigènes, à gauche par les zouaves, abordé de front par le 67°, le village fut emporté en un instant et livré aux goums qui nous accompagnaient. Il ne reste plus de Stitten que des ruines fumantes, arrosées du sang de ses défenseurs. C'est sans doute un des plus tristes résultats de l'insurrection que la nécessité de détruire ces petites bourgades si utiles ; mais nous n'avons d'autre moyen de soumettre les populations qui fuient ainsi devant nous que de les atteindre dans leurs biens et de les refouler dans les espaces sans eau. La position de Stitten, de Sidi Chiqr, est du reste tellement avantageuse, qu'avant peu de temps on aura relevé les masures ruinées et repris l'exploitation des vergers, qui sont, avec les sources, la véritable richesse de ces petits endroits privilégiés.

Le général Deligny séjourna à Stitten, tant pour laisser reposer ses troupes que pour rendre les derniers devoirs à Beauprêtre et à ses infortunés compagnons, dont on retrouva sur le lieu du combat les corps dépouillés, mais intacts et sans mutilations, contrairement à ce qui avait été dit d'abord. En allant ensuite déposer ses blessés à Géryville, il eut encore occasion de défaire un goum des Harrars, qui avait osé l'attendre au col des Ouled Azza. Chargée par les chasseurs et les spahis, cette troupe fut dispersée sans autre perte de notre part que celle d'un officier indigène, le capitaine Boukouya, à qui, en 1847, était échue la bonne fortune de recevoir la soumission de l'émir Abd el Kader. De ce moment, les insurgés n'osèrent plus nous chercher. L'ascendant de la France était de nouveau clairement établi; mais les Harrars et les Ouled Sidi Chiqr ne se rendaient pas encore. Ils fuyaient devant nous, obligeant le général Deligny à courir successivement vers Keneg el Souk, de là à Keneg el Azir, sur la route de Saïda, à toutes les fontaines enfin qui sont au nord du Ksel, ce qui força bientôt une partie des Harrars à céder. Déjà l'arrivée du général Jusuf dans le Djebel Amour y avait rappelé tous les contingents des Laghouati, dont les biens et les familles se trouvaient à notre discrétion. De ce côté aussi la trahison nous avait menacés. Un convoi, escorté par 50 tirailleurs indigènes et 30 spahis, avait failli être surpris. La conduite loyale des habitants d'Aïn Madhi déjoua cette trame, et le chef du bureau arabe de Laghouat, averti à temps, put rassembler en hâte les goums des Ouled Naïls et des Larhaa, et mettre les assaillants déconcertés entre deux feux. Assez important au point de vue militaire, car il coûta 150 morts aux insurgés, ce combat l'était beaucoup plus au point de vue politique, car il marquait une limite que l'insurrection ne devait pas franchir. Quelques jours plus tard, le général Jusuf atteignait les tribus du Djebel Amour et les forçait ainsi que leur chef, l'agha Eddin ben Yayia, à se rendre à merci.

Depuis lors les Harrars et les autres tribus moins importantes des hauts plateaux sont rentrés dans le devoir. Les opérations dans le Sud ont surtout consisté en courses du général Deligny pour atteindre les Ouled Sidi Chiqr, abandonnés de tous leurs alliés, et pour leur interdire les fontaines, tantôt au nord du Ksel, tantôt vers Ghassoul et Brizina, plus tard enfin aux limites du petit désert. L'oasis d'El Biod Sidi Chiqr, la principale résidence des chefs de cette tribu, a subi le sort de Stitten, et la tribu révoltée était, aux dernières nouvelles, refoulée dans le Sud, n'ayant d'autres ressources en eau que celles si précaires que peuvent offrir les redirs pendant l'été. Telle est cependant l'étendue de la frontière à garder qu'il semble difficile de lui interdire tout à fait l'accès des montagnes, et la tâche des colonnes expéditionnaires sera pénible et fatigante.

Bornée là, l'insurrection n'aurait eu aucune suite fâcheuse pour la colonie; mais elle a aussi sévi sur un autre théâtre, comme il nous reste à le raconter.

Le général Deligny, en s'enfonçant si loin dans le Sud, ainsi que le général Martineau, avait jugé nécessaire d'appeler quelques troupes dans les cantons qu'il quittait, afin d'assurer ses relations avec le Tell. Le colonel Lapasset, commandant la subdivision de Mostaganem, s'était en conséquence porté à Tiaret avec 7 à 800 hommes, composés d'un escadron de chasseurs, deux compagnies du 67° de ligne, deux de tirailleurs indigènes et une compagnie de discipline. Dans la nécessité où l'on se trouvait de veiller sur tant de points divers d'une frontière étendue, ce mouvement avait laissé le Tell de la province d'Oran complétement dégarni de troupes. Lorsque le général Martineau opéra son retour à Frenda, le colonel Lapasset rétrograda lui-même sur Relizane, afin d'y renouveler ses approvisionnements. Parti de Tiaret le 11 mai, il couchait le lendemain au milieu du pays des Flittas, qui lui faisaient de grandes protestations de dévouement. Pendant la nuit cependant, le colonel fut prévenu que l'on tramait une trahison, et qu'il risquait d'être attaqué au point du jour, comme l'avait été le colonel Beauprêtre. Une surveillance exacte prévint ce malheur ; mais, à peine en marche, de nombreux groupes l'environnent, le pressent, menacent sa petite colonne, tirant de loin des coups de fusil, sans toutefois oser l'aborder. Les carabines et deux petites pièces de canon tenaient les assaillants à distance. Ces alertes incessantes causaient au soldat plus de fatigues que de dangers ; très-peu furent atteints, mais la panique se mit parmi les Arabes du convoi, qui s'enfuirent en coupant les sangles de leurs mulets, en sorte que presque tous les bagages furent perdus. Le soir, le colonel Lapasset campait près de la zaouïa de Sidi Mohammed ben Aouda, ne donnait que quelques heures de repos à sa troupe, et le matin il atteignait Relizane sans autre attaque. Ce fut le début d'un second soulèvement, distinct de celui des Ouled Sidi Chiqr, quoique ayant quelque connexité avec lui.

Si l'on jette les yeux sur une carte de l'Algérie, on verra le fleuve le plus important du pays, le Chélif, dans la partie inférieure de son cours traverser une large plaine bornée par deux contrées montagneuses. Au nord le Dahra, au midi le massif des monts Ouarencenis. Toutes deux sont peuplées de Kabyles des familles des Maghraoua et des Beni Ifren. Sur les pentes ouest de l'Ouarencenis cependant, un canton très-fertile qui comprend les bassins de la Menasfa, de l'Oued Kre-[...] et de la Mina, est habité par une tribu qui s'attribue une origine arabe.

Nous avons expliqué ailleurs que lorsque les Arabes se firent accorder par les souverains indigènes les meilleures terres du Maghreb, ils ne déplacèrent pas les anciens possesseurs du sol, se contentant d'exploiter à leur profit terres et habitants. Dans bien des cas il ne se trouva que quelques familles arabes perdues dans une masse nombreuse de Berbères. C'est ce qui est arrivé en particulier chez les Flittas, qui

2

Cela n'est pas tout à fait exact cependant ; si quelques fractions, comme les Ouled-Souid et les Cheurfa peuvent soutenir cette préten-tion, la plupart sont Berbères ou mélangées ; celle même des Ouled Krelouf descend d'esclaves noirs venus du Maroc. Cette tribu a toujours été remarquée par ses instincts belliqueux, elle a opposé la résistance la plus énergique à la conquête française et n'a été domptée qu'après de sanglants combats. C'est là que le colonel Ber-thier périt dans une affaire malheureuse, là aussi que le général Tartas obtint le plus beau succès de sa carrière militaire, dans une charge de cavalerie exécutée non loin du lac salé des Akermas, et restée célèbre dans les fastes de l'armée d'Afrique. Vaincus, les Flit-tas avaient cédé à l'ascendant de nos armes ; mais pendant long-temps on croyait prudent de ne se hasarder qu'en troupe nombreuse sur le territoire de cette tribu remuante. Aucune peut-être ne s'était montrée plus revêche à une administration régulière, aucune ne contenait une plus grande quantité d'adeptes de ces confréries reli-gieuses sans cesse occupées de prêcher la haine du chrétien. A une journée de marche au nord-ouest de Tiaret est le principal établisse-ment que les Aïssaouas possèdent en Algérie, la *zaouïa* de Sidi Mo-hammed ben Aïssa, placée sous le patronage du fondateur même de l'ordre. Rien en Europe ne peut donner une idée de ce qu'est une zaouïa un peu considérable. La simple koubba établie sur la sépul-ture ou seulement en mémoire d'un marabout vénéré devient une mosquée où les fidèles se réunissent pour prier en commun ; c'est un lieu de pèlerinage, une école primaire, une chaire de théologie, un noviciat où les frères se forment aux pratiques spéciales de l'ordre. C'est quelquefois un hospice, toujours un bureau d'esprit public et un foyer dangereux de fanatisme et de propagande anti-française. La zaouïa de Sidi Mohammed ben Aissa possède de grands biens et exerce une influence décisive chez les Flittas et les tribus voisines, mais elle n'est pas la seule. Il s'en trouve bien d'autres encore, et parmi elles nous citerons comme la plus curieuse celle de Sidi Mohammed ben Aouda, sur les bords de la Mina, vouée spécialement à l'instruction, c'est-à-dire à l'étude des commentateurs du Coran, et aussi à certaines pra-tiques bizarres propres à exciter l'étonnement et surtout la générosité du vulgaire. Les marabouts de Ben Aouda sont dompteurs de lions, et, de temps à autre, promènent sur les marchés, voire même dans les rues de Mostaganem, des lions apprivoisés et retenus par quel-ques mauvaises cordes. Leur secret est simple : il consiste à aveugler

---

parlent un arabe corrompu et dans les cantons écartés même, le berbère, bien que tous se disent de pure race arabe et qu'Ibn Khaldoun appuie cette prétention de son autorité.

le roi des animaux, qui devient alors docile et craintif, et se laisse conduire au bâton, sans cesser d'exciter l'effroi par ses rugissements.

L'exaltation religieuse n'est pas entretenue seulement chez les Flittas par les fanatiques qui fréquentent les zaouïas, il existe aussi chez eux des familles de marabouts, comme celle de Sidi el Azerec, et surtout une fameuse famille de Cheurfa. Les Cheurfa (c'est le pluriel de chérif) sont, on le sait, les descendants de la famille du prophète, par Fatime, sa fille, ou par Abbas, son oncle. Une bénédiction particulière du ciel protége sans doute cette prolifique famille, car les pays musulmans fourmillent de Cheurfa. Il y en a des tribus entières en Algérie, et les plus célèbres sont ceux du Dahra, d'où sortent les souverains actuels du Maroc et les turbulents Cheurfa des Flittas, les plus francs gredins et les plus indomptables maraudeurs de tout le Tell algérien. Jusqu'à ces derniers temps, on n'avait point trouvé de chef indigène inspirant assez de confiance et ayant assez de crédit sur ses compatriotes pour diriger d'une manière efficace toutes les fractions des Flittas, et chacune d'elles était administrée par un cheik spécial. Peu à peu cependant, cet état de choses s'était amélioré. La création de Relizane sur la limite de leur territoire mettait une partie d'entre eux en relation directe avec les Européens. La route de Mostaganem à Tiaret coupait le pays en deux, et cette route était très-fréquentée, à cause du grand commerce de laines qui commence à se faire avec les hauts plateaux. Puis l'on avait retrouvé la conduite romaine qui amenait les eaux de Zamoura à Relizane, et l'on avait établi près de la source un fortin autour duquel s'était groupé un village de 30 à 40 feux. Les Flittas étaient donc entamés de trois côtés, ce qui ne leur plaisait guère, et ils pouvaient prévoir le moment où la colonisation, qui fait des progrès rapides dans la plaine de la Mina, allait envahir aussi leur fertile territoire. Quelques motifs particuliers de mécontentement se joignant à tout cela, on conviendra qu'ils étaient dans les meilleures dispositions pour prêter l'oreille aux discours de quelque intrigant fanatique, et l'occasion pouvait sembler propice lorsque éclatait dans le Sud une insurrection dont on s'exagérait l'importance, qui forçait à laisser sans un soldat les quarante lieues de terrain entre Mostaganem et Tiaret. Ce fut un pèlerin revenu de la Mecque, El Hadj Sidi el Azerec [1], qui se fit l'instigateur de ce nouveau soulèvement.

---

[1] Nous rétablissons ce nom, singulièrement altéré dans les récits des journaux. C'est d'ailleurs un sobriquet, devenu le nom patronymique d'une famille. El Azerec signifie le gris, ou plutôt cette nuance indécise, ce bleu tirant sur le gris de lin, qu'offre parfois l'atmosphère embrasée des pays chauds. Nous en avons fait le mot azur. On n'a pas assez remarqué peut-être le grand nombre de mots arabes que les relations établies lors des croisades ont fait entrer dans notre langue. Ce sont, outre

Le gouvernement sentit toute la gravité du mouvement insurrectionnel des Flittas. Il n'avait renforcé les troupes de la province d'Oran que d'un bataillon de chasseurs à pied, sur la nouvelle de la révolte des Ouled Sidi Chiqr ; cette fois, deux régiments d'infanterie, le 12ᵉ de la garnison de Paris, le 82ᵉ de celle de Lyon, et un régiment de cavalerie, le 1ᵉʳ hussard, reçurent l'ordre de partir. Ils formèrent une brigade sous les ordres du général Rose, qui avait conquis la plupart de ses grades en Algérie. En donnant à ces troupes un chef ayant une grande connaissance du pays, au courant des précautions hygiéniques qu'il exige, on voulait diminuer le plus possible les dangers de l'acclimatation au commencement de l'été. La même pensée présida à la désignation des corps et de leurs officiers supérieurs. Le colonel Péchot, du 12ᵉ de ligne, était aussi un ancien algérien, et d'autres, le lieutenant-colonel Suzzoni, le commandant Colonieu entrèrent par permutation dans les régiments qui allaient faire campagne. Un soin scrupuleux présida au choix des soldats destinés à porter les deux régiments d'infanterie à l'effectif de 2,000 hommes, et qui furent pris parmi les volontaires des garnisons de Paris et de Lyon. Il est inutile de dire qu'il s'en présenta trois fois plus qu'on n'en demandait. Ces incorporations, la formation des bataillons de guerre exigeaient un certain laps de temps ; telle est cependant la redoutable célérité avec laquelle l'armée française peut passer du pied de paix au pied de guerre, que sur un ordre de départ donné le 18 mai, les corps désignés étaient du 22 au 25 à Toulon, et rendus le 28 sur le théâtre des opérations.

Il était temps que ces renforts arrivassent, car la pénurie de troupes causait dans la colonie des appréhensions excessives, que justifiait en partie la présence des maraudeurs isolés, en arrière même des colonnes. Obligé de couvrir la petite ville de Relizane, le colonel Lapasset ne pouvait s'en éloigner, et il n'avait pas assez de cavalerie pour la disperser à la poursuite de quelques pillards qui tenteraient de détrousser les voyageurs, ou même d'attaquer des fermes isolées, car depuis quelques années il s'en était établi jusqu'à huit ou dix kilomètres du centre principal de population dans cette riche plaine

---

beaucoup de termes de médecine et de chimie, des noms de couleurs, comme azur, gueules, sinople, cramoisi, des mots usuels ou spéciaux comme talisman, truchement ; arsenal, de *dar-es-senaa*, maison de travail ; amiral pour *al-émir*, le commandant ; gibet de *djebel* ou *djibel*, hauteur ; casser de *kesseur* ; déchirer de *dcherreug*. La douane n'est autre que le *diouânn* (assemblée, nous prononçons divan) chargé de l'inspection des marchandises. Une boutique c'est le *dar el bethâka* ou la maison à fenêtres. L'un des plus jolies étymologies que l'on nous ait signalées est celle-ci : les mendiants à Alger tendent aux passants un plat de bois sur lequel est inscrite quelque maxime pieuse, le plus habituellement : *fi sebil alla* [marche] dans la voie de Dieu, et le mot principal est devenu chez nous celui de l'ustensile.

de la Mina, où tout prospère à l'envi, herbages, céréales, plantes industrielles, voire même le coton et la canne à sucre. N'osant rien contre lui, Sidi el Azerec marcha contre le village de Zamoura qu'il brûla et pilla, mais il attaqua sans succès le fortin où tous les habitants s'étaient réfugiés. Le colonel Lapasset s'y rendit pour rassurer et ravitailler les défenseurs, mais dut revenir en hâte à sa première position, et cette manœuvre se renouvela plusieurs fois, les Français n'étant pas en force pour entrer dans le pays des Flittas, et ceux-ci ne parvenant pas à entraîner un nombre suffisant de tribus pour entreprendre une opération sérieuse. El Azerec, sentant néanmoins qu'il devait sortir à tout prix de l'impasse où il s'était mis, alla attaquer l'un des caravansérails qui jalonnent la route de Tiaret, celui de Rahouïa, occupé par huit cavaliers de remonte, qui y gardaient quelques étalons. Le caïd de l'endroit vint aussitôt près d'eux avec quelques amis, pour leur donner l'appui de sa présence, mais il ne put persuader à El Azerec d'abandonner son dessein. La résistance fut des plus vives, car elle coûta aux assaillants une centaine d'hommes tués ou blessés, et ils n'auraient pu en triompher, s'il ne s'était trouvé près des murs, par malheur, des meules de fourrage qu'ils incendièrent. La flamme et la fumée chassèrent les défenseurs de leur position, et, indigènes comme Français, tous furent massacrés. On n'eût pas pensé ailleurs à s'enorgueillir d'un succès si petit et si chèrement acheté; mais en Algérie, le prestige attaché à nos constructions, et la confiance qu'elles inspirent sont tels, que la prise de Rahouïa décida la défection des tribus du cercle d'Ammi Moussa, les Beni Ouragh, la plus importante de toutes, les Kraich, les Meknassa, les Beni Messelem. Sans perdre de temps, Sidi el Azerec alla à leur tête diriger contre le poste d'Ammi Moussa une attaque furieuse. Là encore, le village fut brûlé, et les habitants se réfugièrent dans le poste où les avait précédés l'aga des Beni Ouragh, Bel Hadj avec sa famille. Il ne se trouvait en tout que 174 personnes dans le fort d'Ammi Moussa, dont les murailles ne sont pas achevées, mais dominent de trois côtés des pentes fort roides, qui aboutissent à l'Oued Riou. Malgré le petit nombre des défenseurs, l'attaque d'El Azerec était une folle témérité, qui devait être d'autant plus fatale aux assaillants, qu'ils étaient plus acharnés. Les derniers rapports qui nous sont connus, sans préciser leurs pertes, les évaluent à plusieurs centaines de tués, tandis que les nôtres, abrités derrière leurs créneaux, n'ont perdu que deux ou trois hommes, parmi lesquels le fils de l'aga Bel Hadj. Ce résultat n'a rien qui doive surprendre; c'est la répétition de la lutte de Mazagran. Deux jours de suite, le 27 et le 28 mai, l'ennemi se rua sur les murailles, essayant de les démolir à coups de pioches; mais il n'est pas vrai, comme divers récits l'ont

publié, que sous la direction d'anciens tirailleurs qui avaient assisté
au siége de Sébastopol, il ait ouvert des tranchées, ni fait rien de
semblable à une attaque régulière.

Rebuté par cet insuccès, apprenant l'arrivée du général Rose avec
de nouvelles troupes, Sidi el Azerec se retira dans la montagne, où
il ne devait pas tarder à être poursuivi. Un orage formidable s'amon-
celait sur les tribus qui avaient cédé à ses exhortations. Pendant que
le général Martineau revenait à Tiaret pour cerner par le sud le pays
des Flittas, le colonel Lallemand, avec la petite colonne d'Orléansville
leur interdisait à l'est le territoire de Sendjess; le général Liébert,
avec celle de Miliana, assurait la fidélité des montagnards du centre
de l'Ouarencenis, et cet ensemble livrait les insurgés à l'action combinée du colonel Lapasset et de la brigade du général Rose, forte
d'environ 4,500 hommes. Le premier coup de feu des renforts arrivés
de France fut tiré le 31 mai, sur une troupe qu'El Azerec envoyait en
reconnaissance à Relizane, où le général Rose organisait ses moyens
de transport, pendant que le colonel Lapasset allait secourir le poste
d'Ammi Moussa. Le lendemain, le général se mettait à son tour en
route pour Dar ben Abdalla, bivouac bien connu dans les précéden-
tes guerres, et appartenant aux Cheurfa de Garboussa, au centre du
pays des Flittas. Atteints dans leur repaire, les belliqueux montagnards donnèrent à nos jeunes soldats un spectacle jadis fréquent
en Algérie, mais oublié depuis des années, celui d'une de ces batailles à la façon des héros d'Homère, où les combattants exaltent
leur valeur et injurient leurs ennemis avant de les frapper, tandis
que les femmes, garnissant les hauteurs voisines, excitent par leurs
cris leurs maris, leurs frères, leur rappellent les exploits de leurs
pères, décernent des éloges aux plus braves, poursuivent de leurs
imprécations les timides, et souvent ramènent les fuyards au combat,
à la victoire même, par la véhémence de leurs efforts et de leurs
menaces. C'est là, certes, un spectacle splendide et qui ne s'efface
jamais de la mémoire de ceux qui ont eu occasion de le contempler.
Mais cette fois, cris, menaces, courage même ne pouvaient prévaloir
contre l'expérience des chefs, la discipline des soldats et la longue
portée des armes rayées. En peu d'heures, plus de deux cents cada-
vres gisant sur le terrain, bien d'autres emportés au loin et de nombreux blessés, constataient une fois de plus l'ascendant de la France,
et ce qui rendait la victoire plus complète encore, El Hadj Sidi el
Azerec se trouvait au nombre des morts. Il avait payé de sa vie la révolte dont il était l'auteur, et aucun autre chef n'osait prendre la
responsabilité de lui succéder. De ce moment on put considérer la
révolte du Tell comme comprimée : non que chacun s'empressât d'offrir sa soumission, les choses ne se passent pas ainsi avec ces tribus

guerrières de l'Algérie, qui tiennent à honneur de ne jamais céder qu'à une nécessité pressante et présente. Les contingents rentrèrent seulement sur le territoire de leurs tribus. Les colonnes expéditionnaires durent donc se présenter chez chacune d'elles, et ce n'est qu'après avoir *fait parler la poudre*, prouvé sa supériorité dans une affaire parfois assez sérieuse, vidé les silos ou enlevé les troupeaux, que l'on put amener à composition ces intraitables montagnards. Ils savent d'avance qu'ils ne seront pas victorieux, qu'une résistance prolongée aggravera les conditions sévères qu'il leur faudra subir ; rien n'y fait, l'*heurma* exige qu'il en soit ainsi et que chaque tribu, souvent même chaque fraction de tribu soit frappée sur son territoire avant de faire sa soumission. Telle est la tâche pénible qu'a accomplie pendant un mois l'armée d'Afrique, et qui vient seulement de se terminer par l'action combinée de cinq colonnes expéditionnaires. On s'étonnera peut-être qu'ayant laissé ses lieutenants soutenir le poids de la lutte pendant la période la plus difficile, le gouverneur ait cru devoir intervenir au dernier acte. C'est qu'il ne s'agissait pas seulement de combattre l'ennemi, il fallait encore, et c'était peut-être le plus difficile, réorganiser l'administration des pays insurgés et choisir de nouveaux chefs, rétablir enfin cette responsabilité des tribus, qui a soulevé à différentes reprises les attaques des personnes qui ne connaissent pas bien les mœurs africaines. Après une lutte aussi acharnée, il reste toujours un certain nombre de maraudeurs qui, soit par exaltation religieuse, soit qu'elle leur serve seulement de prétexte, courent la campagne et pendant un certain temps en rendent le parcours extrêmement dangereux. Une particularité très-bizarre, c'est que les fils du télégraphe électrique étaient d'abord restés intacts, et qu'ils n'ont été coupés des deux côtés de Relizane, vers Alger et vers Mostaganem, que lorsque le colonel Lapasset et le général Rose étaient déjà entrés chez les Flittas. Cette interruption n'a été que de courte durée. Contre de pareils actes, les agressions dont sont victimes les voyageurs isolés, nous ne pourrions rien ; on exténuerait les soldats sans résultat, si on leur faisait courir la campagne à la poursuite de malfaiteurs introuvables. L'administration oblige donc chaque tribu à faire la police sur son territoire, et la rend pécuniairement responsable des délits qui s'y commettent. Cette mesure si simple a suffi pour assurer à l'Algérie une sécurité égale et supérieure même à celle dont jouissent nos grandes routes. Un si heureux résultat pourrait tenir lieu d'une justification facile d'ailleurs à donner. Chaque tribu se compose de la descendance de celui dont elle porte le nom, et des serviteurs qui, sous le régime patriarcal, sont considérés comme faisant partie de la famille. La responsabilité des tribus, bien qu'elle choque au premier abord nos idées sur la justice, n'est donc autre chose que cette disposition de nos codes qui rend le père de famille responsable des dégâts commis par ses enfants, ses domestiques ou les animaux possédés par lui.

On peut donc considérer la double insurrection qui a éclaté dans la province d'Oran comme comprimée : celle du Tell, bien qu'il reste encore à réorganiser les tribus et à régler la contribution destinée à réparer les dommages soufferts par les colons de Relizane, de Zamoura et d'Ammi Moussa ; celle du Sahara, malgré la persévérance de la famille de Sidi Chiqr et de ses khoddams à refuser leur soumission. L'excessive chaleur suspend forcément toute opération de ce côté. Nous ne pouvons qu'occuper un certain nombre de points convenablement choisis à la lisière des hauts plateaux et faire rayonner de là les goums des tribus soumises. Mais la difficulté d'abreuver les troupeaux, les souffrances que vont endurer les malheureuses populations qui persistent dans l'insurrection peuvent suffire à les réduire à l'obéissance. Il est plus probable cependant qu'une partie au moins continueront leur résistance, et qu'une campagne d'automne sera nécessaire pour compléter les résultats acquis et rétablir des relations régulières avec Metlili et les oasis du Mzab et d'Ouaregla. L'état d'insoumission du Sahara n'aurait pas d'importance par lui-même; mais nous ne pouvons tolérer près de nous, surtout dans une contrée qui a accepté notre domination, un foyer d'effervescence qui pourrait un jour ou l'autre se propager dans le Tell. Le résultat le plus regrettable de la révolte de cette famille de Sidi Chiqr, à laquelle nous avions donné une haute importance politique, dont l'influence religieuse est très-grande dans le Sud, et s'étend même bien au delà de nos possessions, sera d'entraver pour longtemps peut-être les relations que nous nous efforçons d'établir avec le grand désert et avec ce Soudan que nous ne réussissons à aborder ni par l'Algérie ni par le Sénégal.

En étudiant la série des mesures prises pour réprimer l'insurrection dans la province d'Oran, on est frappé de deux faits principaux : l'impossibilité de suffire à cette tâche avec les troupes de la province même, d'où naît la nécessité de réclamer des renforts à la France, et la difficulté d'assurer les approvisionnements des colonnes mobiles, qui oblige à recourir à toutes sortes d'expédients, des convoyeurs civils, des réquisitions de corvées arabes, ce qui ne permettait pas d'établir dans ce service important une régularité militaire. Cela peut surprendre le public habitué à entendre dire que l'Afrique immobilise 70,000 hommes de l'armée française.

La guerre d'Afrique est l'école où se sont formés depuis trente ans

nos généraux et nos soldats : c'est là qu'ils ont acquis une rapidité
d'allures, une habitude de la vie de campagne que ne possède au
même degré aucune autre armée de l'Europe. Aussi, chaque fois
qu'une guerre grande ou petite exige un mouvement de troupes,
est-ce à l'Algérie que l'on s'adresse d'abord, et l'on y a largement
puisé pour la Crimée et l'Italie, et dans ces dernières années au profit
de la Chine, de la Cochinchine et du Mexique. Une confiance excessive dans la tranquillité du pays, le désir de réaliser quelques écono-
mies sur le budget si contesté de la guerre, avaient fini par faire réduire outre mesure l'effectif de cette armée, qu'il faudrait toujours
tenir assez élevé, comme pépinière de soldats aguerris.

L'*Annuaire militaire* pour 1864 constate qu'au 31 janvier dernier
il ne se trouvait en Algérie que huit régiments d'infanterie de ligne :
le 42e et le 5e dans la province d'Alger (ce dernier remplacé au printemps par le 87e) ; le 4e, le 63e et le 66e dans la province de Constantine ; le 17e, le 55e et le 67e dans la province d'Oran. Les régiments
de zouaves, partis pour le Mexique, n'avaient laissé qu'un bataillon
de dépôt dans chaque province. Le régiment étranger avait suivi la
même destination, ne laissant qu'un petit dépôt, c'est-à-dire quelques hommes seulement à Oran. L'infanterie légère d'Afrique, dont
les soldats ont obtenu une si grande popularité sous le nom de
zéphyrs, n'était plus représentée que par un bataillon et demi, le 3e
étant en Chine, et une partie du 2e au Mexique. Il n'y avait plus
de chasseurs à pied, et l'on ne pouvait trop regarder comme une
force vive quelques compagnies de discipline, composées d'hommes
renvoyés de leurs corps pour inconduite, et qui ne sauraient inspirer
une confiance complète en toute circonstance. La cavalerie ne se trouvait pas aussi réduite. Chaque régiment de chasseurs d'Afrique avait
deux escadrons sur six au Mexique, mais la province d'Alger possédait le 3e hussards, celle de Constantine le 3e chasseurs à cheval, et
celle d'Oran le 11e. Les troupes *françaises* de l'armée d'Afrique se
trouvaient donc réduites, au moment où allait éclater l'insurrection,
à 19,000 hommes d'infanterie au plus et à 3,500 de cavalerie, à quoi
il faut ajouter un nombre médiocre d'artilleurs, dispersés dans un
grand nombre de places, le régiment en garnison en Algérie ayant
six batteries de côtes et au Mexique une batterie montée, qu'il convient de défalquer. En déduisant les malades, les ordonnances et les
indisponibles de tout genre, il n'y avait donc pas vingt mille Français
à mettre en campagne pour réprimer l'insurrection et garder les
places. On ne saurait, en effet, énumérer parmi les troupes actives
les états-majors, la remonte, les compagnies d'armuriers, de pon-
tonniers, d'ouvriers du génie, les puisatiers, le corps de santé, l'in-
tendance, les infirmiers, le train, les comptables et les troupes de

l'administration, boulangers, toucheurs, etc., tous services accessoires, fort utiles sans doute, et plus encore en Afrique qu'en Europe, peu nombreux, si l'on considère chacun isolément, mais qui grossissent beaucoup le chiffre de l'armée sur le papier, sans augmenter celui des combattants.

Les mêmes raisons d'économie et de guerre extérieure avaient fait réduire en hommes et en chevaux ou mulets le train des équipages, devenu moins utile depuis que l'on ne faisait plus d'expéditions, car le commerce exécute à bien meilleur marché les transports ordinaires des places. Lorsqu'il fallut à l'improviste approvisionner des colonnes mobiles de munitions et de vivres de tout genre à de très-grandes distances, on se trouva dans un embarras excessif. Les moyens étaient insuffisants et disséminés. On affecta toutes les ressources disponibles aux colonnes Deligny et Martineau, qui partaient pour le Sud, et l'on se résigna à employer des charretiers civils et des bêtes de sommes, prises par réquisition dans les tribus, pour le service de celles dont le rôle, espérait-on, se bornerait à assurer le ravitaillement des premières. Il résulta de tout cela beaucoup de tiraillements, des retards, la perte totale du convoi du colonel Lapasset au moment d'une attaque, comme il résultait du faible effectif de l'armée l'impossibilité d'agir contre l'insurrection avec assez de monde pour la comprimer à son début.

Les chiffres énoncés plus haut peuvent causer de l'étonnement, mais ils sont incontestables et ne seront pas contestés. Pour mettre cinq à six mille hommes en campagne dans chaque province, il eût fallu désorganiser tous les services, et si l'on a pu expéditionner avec des effectifs plus élevés, cela est dû à la fidélité et au dévouement des corps indigènes. Il est d'autant plus important de le constater que les journaux ont retenti de récriminations contre les Arabes et sur la méfiance qu'ils doivent inspirer. Si cette méfiance est justifiée à l'égard d'une certaine catégorie d'indigènes, elle serait bien mal à propos appliquée à la grande majorité d'entre eux. Pas un combat n'a été livré sans que spahis et tirailleurs, voire même les goums irréguliers, n'y aient pris part à côté des soldats français. Dans les massacres d'Aïn Bou Bekr et de Rahouïa, la plus forte perte a été supportée par eux. Eux seuls gardaient Géryville, entouré par l'insurrection à une énorme distance de tout secours. Si les complots tramés contre nous ont échoué à Aïn Madhi et à Ben Aouda, c'est à la fidélité des caïds qu'on le doit. A Ammi-Moussa et à Rahouïa, enfin, on en a vu s'enfermer avec les soldats français et périr en les défendant. Cette conduite rapprochée de la défection générale de nos agents, lors des insurrections de 1840 et de 1845, est une preuve sensible de la révolution qui s'est faite dans les esprits, de la confiance que méritent aujourd'hui la plupart de nos chefs, de celle que nous avons su leur inspirer.

Les personnes qui ne connaissent que superficiellement l'Algérie, ou dont l'esprit est prévenu contre le fanatisme aveugle des musulmans ; celles même qui n'ont pas eu l'occasion de comparer l'état du pays à la fin de la guerre avec ce qu'il est aujourd'hui, ne peuvent pas bien apprécier l'importance et la profondeur de ce changement d'opinion. Autrefois, le vide se faisait autour de nous à la moindre prédication, et nous ne pouvions compter, dans toute l'Algérie, que sur les deux tribus du maghzen d'Oran, les Douairs et les Smélas, trop compromises pour pouvoir se rallier à nos adversaires. Lorsque nous avions réduit une tribu par la force, le chef qui acceptait la mission de la gouverner en notre nom, était, par cela seul, discrédité aux yeux de ses coreligionnaires. Sa vie était menacée ; on le traitait de baptisé, de Nazaréen, ce qu'il regardait comme une injure et punissait par de sévères amendes. Le seul moyen qu'il avait de se faire pardonner ses relations avec les chrétiens, était de dire à ses administrés : « Vous le voyez, les Français sont nombreux, ils sont puissants, Allah nous a mis entre leurs mains pour la punition de nos fautes ; mais patientons, attendons le moment, peu éloigné peut-être, où le *maître de l'heure* paraîtra au nom du prophète, et alors, moi tout le premier, je marcherai à sa suite, et je combattrai à votre tête pour laver les humiliations que nous sommes forcés de subir. Jusqu'à ce moment désiré, fiez-vous à moi pour atténuer les maux de l'oppression. » Aussi tout marabout disposé à prêcher la guerre sainte était-il accueilli, caressé par celui dont le devoir eût été de le conduire dans nos prisons. Le chef s'excusait de nous servir, remontrait que les circonstances n'étaient pas encore favorables, et, s'il ne parvenait pas à ajourner l'insurrection, il s'y joignait pour n'en pas être la première victime.

Peu à peu, cependant, le calme s'est fait dans les esprits ; on a apprécié la tranquillité qui succédait aux misères de la guerre ; on ne souffrait plus des extorsions de tout genre, comme sous la domination des Turcs. Dans les années de mauvaises récoltes nous avons reçu des bénédictions générales en distribuant des grains pour les semailles et pour la subsistance des pauvres. Dans les bonnes années, ces prêts nous ont été rendus, et les Arabes se sont enrichis par l'exportation de grains qui eussent pourri sur pied sous l'ancien régime. Le commerce des laines, qui ne fait que de naître, est destiné à changer complétement la face des hauts plateaux et du petit désert. Puis des relations, difficiles au début, se sont établies peu à peu entre Européens et indigènes. Le menu peuple a apprécié la bienveillance avec laquelle il était traité. La terre est commune entre tous les membres d'une tribu, chacun en cultive ce qu'il peut; mais, dans la réalité, le riche seul cultive. Le pauvre, n'ayant ni les semences ni les moyens de labour, est forcé de louer son travail, et sur le produit de cette terre, arrosée de ses sueurs, il ne prélève que le cinquième de la récolte. De là vient le nom de *khrammès*, dérivé de *khramsa*, cinq, donné aux laboureurs. Aujourd'hui les khrammès commencent à entrer au service des colons, et malgré les mécomptes des premiers temps, dus à des préventions réciproques, à la difficulté de s'entendre, malgré les entraves administratives, provenant de la crainte qu'avaient les bureaux arabes de voir la sécurité diminuer avec leurs moyens de surveillance, beaucoup d'Arabes des classes pauvres se sont établis dans les fermes des colons, et ne les ont pas quittées depuis plusieurs années. Il en est qui ont acquis une certaine aisance. Autour de chaque ville, de chaque village, on voit ainsi des groupes entrer dans notre sphère d'influence. La même force attire aussi les riches, qui commencent à goûter les douceurs et le bien-être de la vie civilisée. Les voitures publiques emportent chaque jour autant d'indigènes que d'Européens. Un fait nous a frappé. Un grand nombre de chefs se donnent à présent le luxe de coucher dans des lits. C'est là un détail insignifiant au premier abord; mais il en résulte l'obligation de porter des vêtements appropriés à l'usage des lits, et celui qui consent à quitter le costume de ses pères pour en prendre un plus rapproché du nôtre, ne craint donc plus l'épithète de Nazaréen. Ces changements ne sont pas partout également apparents. Les bienfaits de notre administration ne sont pas également appréciés en tous lieux, mais ils s'étendent chaque jour, et chaque jour adoucit l'amertume avec laquelle on a d'abord subi notre triomphe.

Est-ce à dire, cependant, que l'assimilation soit près d'être complète, que tout germe d'antipathie ait disparu entre les Arabes et nous? Nous sommes loin de le croire, et le gouvernement a été de cet avis; car, outre les envois de troupes mentionnés plus haut, il a encore envoyé le 36ᵉ de ligne et le 12ᵉ bataillon de chasseurs à pied dans la province d'Alger, et le 20ᵉ de ligne dans celle de Constantine, et cela au milieu de juin, alors que l'agitation tendait visiblement à sa fin. Cela porte à six régiments d'infanterie, deux bataillons de chasseurs et un régiment de hussards, en tout 13 à 14,000 hommes, les renforts envoyés de France. Il est à désirer que ces troupes restent en Algérie, dans l'intérêt de l'armée et aussi dans celui de la colonie, que menacent des dangers qu'il ne faut pas méconnaître.

Lorsque l'homme, au déclin d'une carrière agitée, ramène sa pensée sur les écarts de sa vie, il est rare qu'il ne demande pas à la religion les moyens de les expier. L'islamisme lui en offre deux : le pèlerinage de la Mecque et la guerre contre les infidèles. Le pèlerinage, pénible et coûteux, n'est pas à la portée de tous. Reste la guerre sainte, pénitence merveilleusement appropriée au caractère d'un peuple belliqueux et à qui il est fort agréable de trouver son salut dans une pratique si satisfaisante pour ses goûts et pour sa cupidité, car le pillage est l'accessoire obligé de la guerre que l'on nous déclare. Lorsqu'une prédication s'adresse à des hommes arrivés à la période critique dont nous parlons, elle a de grandes chances d'être bien accueillie, surtout si l'on approche de l'époque marquée dans quelque prophétie comme celle de notre expulsion. Il ne manque pas, en effet, d'inspirés qui ont annoncé et nos victoires passagères et nos revers définitifs, dans un style d'une emphase et d'une obscurité à faire honte aux oracles de la Sibylle. Une tête ne saurait être complétement vide, et lorsqu'elle n'a pas été pourvue d'idées justes et honnêtes, la superstition ne manque jamais d'en faire sa proie, comme nous pouvons le voir chez nos esprits forts qui tiennent en dédain le christianisme et ses miracles, mais croient aux tables tournantes, aux médiums et au spiritisme. Étonnons-nous donc que des peuples enfants, d'une imagination ardente, qui n'ont pas à se préoccuper de pourvoir, par un labeur incessant, aux besoins compliqués de la famille dans la vie civilisée, prêtent l'oreille, pendant les longues heures de la veillée, à des contes éblouissants ; qu'ils écoutent avec avidité le récit de batailles fantastiques où les fidèles croyants, aidés par les génies, obligent les chrétiens à fuir sur les vaisseaux qui les ont amenés ! D'autres idées, par bonheur, prévalent sur celles-là dans des moments plus calmes, et comme le Coran renferme toutes choses, nous n'avons pas manqué d'y trouver aussi des maximes en notre faveur, celle-ci, par exemple, due au célèbre commentateur Abou-Saïd : « Soumettez-vous à toute puissance qui aura pour elle la force, car la manifestation de la volonté de Dieu sur la terre, c'est la force. » Ce précepte est logique dans la bouche de celui qui a prescrit de propager sa religion le sabre à la main, et il a servi à apaiser bien des consciences troublées avant que l'on ait compris les avantages matériels d'un commerce suivi avec nous. Une seule catégorie d'individus paraît réellement irréconciliable avec notre domination, et doit être combattue à outrance. Elle se compose des marabouts et des membres des confréries religieuses.

Nous avons déjà parlé des marabouts, qui quelquefois sont isolés, mais plus ordinairement groupés dans des zaouïas, à moins qu'ils n'appartiennent à une famille jouissant, par droit de naissance, des priviléges et de la réputation de piété attachés à ce titre. Voici quelle est l'organisation des confréries religieuses, véritable plaie de l'Algérie.

Les associations des États barbaresques, dont les membres portent le nom de *khouans*, diffèrent profondément de celles de l'Orient, en ce qu'elles ne constituent point des communautés plus ou moins séparées du monde, comme celles des derviches tourneurs et hurleurs de Constantinople. Les khouans sont laïques, restent mêlés à la masse de la population, et ne sont astreints qu'à prononcer chaque jour certaines prières. Sous ce rapport, ils se rapprochent des confréries du midi de la France. Les Aïssaouas, qui se livrent à des jongleries exigeant un assez long apprentissage, tiennent le milieu entre ces deux formes de sociétés, vivent par petites bandes et possèdent en différents lieux, notamment au Maroc, des établissements importants. Une différence radicale entre les confréries de pénitents et celles dont nous parlons, c'est la forte organisation de ces dernières et une hiérarchie qui met chaque membre sous les ordres d'un chef suprême, portant le nom de *khalifa* ou lieutenant du fondateur vénéré de l'ordre. A fort peu de différences près, leur origine est identique. Le Prophète, l'ange Gabriel ou tout autre, est apparu en songe à un marabout, lui a révélé que certaines prières, une manière spéciale de les prononcer, seraient fort agréables à Dieu, et lui a prescrit de répandre parmi les croyants ce moyen assuré de faire leur salut. Les néophytes sont quelquefois soumis à des investigations sur leur conduite, la pureté de leur foi. Selon les temps et les ordres, on se montre plus ou moins sévère dans les réceptions, et finalement on leur enseigne les formalités qu'ils doivent minutieusement accomplir. Cela s'appelle *prendre la rose* de tel ou tel marabout. Jusqu'ici rien de plus inoffensif, et la protection dont nous couvrons indifféremment tous les cultes devrait aussi s'étendre aux actes des khouans, s'ils se bornaient à des prières. Mais ils se considèrent aussi comme chargés de propager la foi musulmane, comme les défenseurs de la pureté du dogme, et les chefs d'ordre ont toujours cherché à avoir une action puissante sur le gouvernement temporel, ou plutôt à le diriger selon leur convenance. Ils étaient en hostilité permanente avec les Turcs, et, depuis que nous sommes en Algérie, notre expulsion a été le but principal de leurs efforts incessants.

Ces confréries, aujourd'hui assez bien connues, grâce aux investigations des officiers des bureaux arabes, sont au nombre de sept. Toutes ne sont pas également dangereuses, et, comme il existe entre elles des rivalités qui vont jusqu'aux derniers excès de la haine, elles nous ont été quelquefois momentanément favorables.

Depuis la mort malheureuse de l'un des Tedjinis, marabout d'Aïn Madhi, qui se crut appelé à chasser le bey Hassan de la province d'Oran, quelques années avant notre conquête, les membres de cette famille se sont bornés à l'accomplissement de leurs devoirs religieux.

Ils ont résisté aux suggestions et aux armes d'Abd el Kader, et ont toujours interdit à leurs adhérents, aux khouans de l'ordre fondé par leur père, tout acte d'hostilité contre nous. Leur conduite n'a pas cessé d'être irréprochable, et nous les ménageons avec soin. Il en est de même de l'ordre de Sidi Joussef Hansali, peu nombreux, et dont les chefs sont inoffensifs, parce qu'habitant Constantine leurs personnes et leurs biens sont entre nos mains.

Les choses se passent tout autrement avec les cinq ordres dont il nous reste à parler.

Celui de Mohammed ben Abderrahman, fondé à Alger, a son chef et ses principaux adeptes dans la Kabylie, et ce chef a été l'âme de la résistance que ce pays nous a si longtemps opposée. Récemment encore, en apprenant les désordres de l'Ouest, les khouans de Ben Abderrahman ont cherché à empêcher l'émigration annuelle des Kabyles qui vont faire la moisson dans le Tell. Les quatre autres sont plus dangereux encore, parce que leurs chefs résident hors de l'Algérie et sont soumis à des influences systématiquement hostiles à notre cause.

C'est en Orient qu'habite le chef de l'ordre de Sidi Abd el Kader Djilali, dans lequel l'émir occupait un rang élevé, et dont le saint patron passait pour couvrir d'une protection spéciale son illustre homonyme. Depuis que la grande guerre a cessé, cet ordre, qui y avait pris une part importante, a cherché à dissimuler son existence, à se faire oublier. Il n'est pas douteux pour nous, cependant, qu'un grand nombre de pèlerins qui reviennent de l'Orient n'en rapportent les instructions secrètes des chefs pour leurs représentants en Algérie. Viennent des circonstances difficiles, on sera surpris de l'énergique vitalité de cette confrérie, trop dédaignée aujourd'hui. L'ordre de Sidi Abd el Kader a toujours été en rivalité ou même en guerre ouverte avec le précédent et avec celui de Moulé Taïeb ; il est peu répandu dans la province de Constantine, ce qui explique en partie les difficultés que l'émir Abd el Kader a trouvées à faire accepter son autorité dans cette province et dans la Kabylie.

L'empereur de Maroc est membre de l'ordre important de Moulé Taïeb, dont le chef est l'un de ses parents et jouit du privilége de lui donner les insignes de la souveraineté dans la petite ville d'Ouazan, où il fait sa résidence. Cet ordre est éminemment dangereux, par le nombre de ses khouans et par sa forte organisation. Le chef des Moulé Taïeb a dépêché en Algérie Bou Maza et divers autres agitateurs. Par contre, il n'a jamais secondé Abd el Kader que dans la mesure nécessaire pour ne pas encourir le reproche d'indifférence envers le défenseur de la foi. L'un des moukhaddem les plus importants de l'ordre, Ben Marabet, cheik des Bessenès, chez les Beni Ouragh, a même empêché, en 1845, toute cette tribu et son chef Bel Hadj, de rejoindre l'émir, malgré l'envie qu'ils en avaient. Une politique adroite peut être d'un grand secours dans nos relations avec les Moulé Taïeb. L'empereur du Maroc a ressenti trop fortement l'ascendant de nos armes pour ne pas chercher à nous ménager, et il n'est pas douteux qu'il ait souvent essayé de modérer le fanatisme de ses sujets, sur lesquels il n'a pas toujours l'influence qu'il voudrait. Ainsi les tribus de la frontière le redoutent moins que nous, à qui elles ont volontiers recours dans les circonstances critiques. C'est ce qui est arrivé l'année dernière à la suite d'une explosion de la haine traditionnelle dont sont animés les Beni Snassen et les Maïa, qui habitent au nord et au sud d'Ouchda. Le caïd des Beni Snassen, le caïd d'Ouchda et son gendre, cheik des Maïa, furent alternativement victimes des plus odieux guet-apens, subirent d'horribles tortures, et à la suite de cela la ville d'Ouchda fut bloquée par les Beni Snassen. Une réconciliation, plus ou moins sincère d'ailleurs, ne put être obtenue que par l'intervention officieuse du commandant de la province d'Oran, qui ne pouvait voir avec indifférence des troubles aussi graves sur nos frontières. Peut-être la reconnaissance est-elle pour quelque chose dans la tranquillité qui y a régné ce printemps, alors que nous n'étions pas en mesure d'y exercer une police trop exacte. Quoi qu'il en soit, l'esprit guerrier des Marocains, le nombre de ce peuple, les prédictions qui annoncent aux khouans de Moulé Taïeb qu'ils nous chasseront un jour de l'Afrique, sont des raisons sérieuses pour entraver le développement de cet ordre dans nos possessions. Nous ne devrons pas négliger non plus d'inspirer une crainte salutaire de nos armes au Chérif, notre voisin, qui peut exercer une grande influence sur les chefs de cette confrérie.

Les Aïssaouas sont connus d'un grand nombre de personnes qui ont visité l'Afrique et assisté aux jongleries dont, pour quelque argent, ils donnent la représentation. On les regarde, en général, comme sans crédit et assez inoffensifs. Ils paraissent cependant avoir, outre leurs membres actifs, un certain nombre d'affiliés, et dépendent d'un chef tout-puissant à Meknès, l'une des plus importantes villes du Maroc. C'est donc encore une chaîne qui unit l'Algérie au pays d'où peuvent venir les plus sérieux dangers pour notre domination. A ce titre on ne saurait les regarder comme indifférents.

Les Derkaoua, littéralement les déguenillés, sont les socialistes de l'islamisme. Ils affectent le mépris des richesses, une vie errante, un costume qui, dit-on, leur a valu leur nom, et repoussent tout gouvernement civil, afin d'y substituer on ne sait trop quelle ingérence constante de la Divinité dans la direction des affaires publiques. Leurs dogmes sont mal connus, à cause du secret rigoureux prescrit aux adeptes. En 1804 et en 1805, sous la conduite de Bou Daïli ben Arach et de Ben Chérif, ils ont suscité une grande révolte qui faillit enlever aux Turcs les provinces d'Oran et de Constantine. Vaincus enfin, ils furent détruits sans miséricorde et n'ont pu depuis recouvrer leur ancienne importance. Ils pourraient redevenir dangereux cependant, d'autant plus qu'ils reçoivent le mot d'ordre de chefs qui résident dans le Rif marocain.

Dans toutes ces confréries, les membres entretiennent entre eux des relations constantes ; ils ont des signes de reconnaissance, et, dans chaque circonscription, un chef ou moukhaddem qui correspond avec le khalifa. Ce sont eux, presque toujours, qui transmettent les nouvelles politiques avec la rapidité dont nous avons parlé. Quant à leur nombre, il serait téméraire de vouloir l'indiquer, même d'une manière approximative. Il est probablement moindre cependant que ne le croient les officiers des bureaux arabes, car des sociétés secrètes ne sauraient grossir beaucoup le chiffre de leurs adhérents sans tomber sous la main d'une administration aussi perfectionnée que celle de l'Algérie. Les khouans ne seraient donc pas fort dangereux par eux-mêmes, s'ils ne devenaient les agents d'une politique étrangère. Nous avons déjà noté que les plus importants étaient sous la haute influence des Chérifs du Maroc ; ce n'est pas la seule, ni même la plus hostile. Pour la plupart des musulmans occidentaux, le sultan de Constantinople est le chef de la religion. On enseigne cette doctrine à la Mecque, et l'on rappelle en particulier aux pèlerins de l'Algérie qu'avant d'être soumis aux chrétiens ils avaient le bonheur de dépendre directement de ce souverain. Ces enseignements n'ont pas un but purement théorique. Le divan de Constantinople n'a jamais reconnu notre domination en Afrique. Moins ce gouvernement décrépit est en état d'administrer les provinces qu'il possède, plus il convoite celles qu'il a perdues et sur lesquelles il n'exerçait qu'une autorité précaire. Aussi, tandis que nous nous efforçons de consolider le trône mal assuré du sultan, ses ministres ne cessent d'exciter à la révolte les populations algériennes. On a vu plus haut comment le pacha de Tripoli avait amené lui-même en Afrique le chérif Mohammed ben Abdalla, et lui avait donné, avec des instructions détaillées, les moyens de parvenir aux oasis de notre territoire. On assure qu'un journal arabe, imprimé à Constantinople, est répandu parmi les tribus de l'Algérie, où il propage les appels à l'insurrection. Nous n'avons pu obtenir à cet égard que des allégations sans preuves certaines, mais fort plausibles. Elles concordent d'ailleurs avec les tentatives que n'a cessé de faire la Porte Ottomane, tant sur notre territoire que pour arracher la régence de Tunis à un prince, médiocre administrateur peut-être, mais dont le grand tort est de se montrer reconnaissant de la protection que la France lui a accordée en diverses circonstances. Le pachalic de Tripoli, qui entretient des relations très-suivies avec Ghadamès, Ghat et les oasis du désert, a toujours été le point de départ des intrigues que la Porte ne se fatigue pas de nouer contre nous, des émissaires qu'elle envoie pour agiter nos tribus et nuire aux relations commerciales que nous cherchons à étendre dans le Sud. Le Maroc d'un côté, la Turquie de l'autre, voilà donc les ennemis qui, ouvertement ou en secret, n'ont cessé de conspirer contre nous. Les khouans, agents dociles de cette politique, s'occupent à détruire dans l'esprit des populations les bons effets de vingt années d'une administration sage et paternelle. Seuls, ils seraient impuissants ; mais, ainsi dirigés et appuyés, ils ne peuvent être que fort dangereux, bien qu'à notre avis ils perdent beaucoup de terrain, le courant de l'opinion publique rattachant chaque jour davantage les indigènes au gouvernement de la France.

Et maintenant, que faut-il conclure des événements qui viennent de se passer ? Quels enseignements donnent-ils, dont on puisse profiter pour l'avenir ? Doit-on, comme le demandent quelques personnes, encore sous l'impression d'une frayeur qui a été assez vive dans la province d'Oran, doit-on traiter les Arabes en ennemis irréconciliables et tenter l'application de cette théorie du *refoulement*, euphémisme par lequel on cherche à se déguiser à soi-même l'horreur d'une extermination méthodique ? Avec quelques écrivains qui préconisent une doctrine toute contraire, faut-il voir dans le régime militaire la cause de tout le mal, et dans une organisation purement civile, la panacée universelle qui doit faire régner en Algérie les délices de l'âge d'or ?

Une nation ne nous paraît pas devoir être conduite comme un régiment, et nous admettons volontiers que l'administration de l'Algérie par des militaires n'est qu'une disposition transitoire. Mais est-ce bien au moment où notre existence est contestée par des ennemis extérieurs, qui viennent, en suscitant une insurrection, de prouver la volonté et le pouvoir qu'ils ont de nous nuire ; est-ce à ce moment qu'il convient de renvoyer l'armée avec des honneurs dérisoires, comme les poëtes que Platon chassait de sa république, après les avoir couronnés de fleurs ? Pense-t-on de bonne foi qu'un sous-préfet, par cela seul qu'il ne porte pas d'épaulettes, produira plus d'effet qu'un bataillon ? Et si l'on prétend conserver une portion de l'armée en Algérie, osera-t-on demander que le général, quel qu'il soit, appelé à répondre de la tranquillité, n'ait pas plus d'action sur les affaires publiques que l'astronome n'en a sur le mouvement des étoiles qu'il observe dans son télescope ? Poser de telles questions, c'est y répondre. Le pouvoir militaire a, d'ailleurs, une raison d'être dans

le sentiment de la hiérarchie si développé chez les Arabes, qui ne comprennent guère que deux formes de l'autorité, religieuse ou militaire. Ne pouvant leur commander au premier de ces titres, c'est au nom du second que nous réclamons l'obéissance, et pendant longtemps la raison de leur soumission a été pour tous, comme elle l'est encore pour une grande partie d'entre eux, que *la manifestation de la volonté de Dieu sur la terre, c'est la force.* Les fonctionnaires civils le savent si bien qu'ils ne se montrent jamais aux indigènes que revêtus d'un uniforme, pour constater qu'ils ne sont pas des *mercantis*, et se faire passer, s'il se peut, pour des militaires. Quelque opinion que l'on se forme, du reste, sur l'opportunité plus ou moins prochaine de changer le mode d'administration du pays, on ne saurait opérer cette mutation avant un temps assez long, car on n'improvise pas un personnel capable et au courant de la langue et des affaires arabes. Les bureaux actuels, après trente ans d'existence, souffrent encore de la rareté des hommes connaissant à fond les mœurs et la législation des indigènes. L'administration civile n'en présente presque pas. Constatons enfin qu'en ce moment la plupart des colons sérieux, ceux qui cultivent et n'encombrent pas les antichambres des préfets pour solliciter des places, témoignent hautement leur préférence pour l'administration militaire, qui assure mieux la sécurité du pays, leur semble plus expéditive dans ses formes, et, ce que l'on ne sait pas assez, est plus économique que l'administration civile.

Les personnes qui comprennent dans la même réprobation toute la population de l'Algérie, à l'exception des deux cent mille Européens qui s'y trouvent, ne nous semblent pas apprécier les faits avec plus de sagesse. Depuis vingt ans un rapprochement sensible s'est fait entre les indigènes et nous, et l'on peut prévoir le moment où ils prendront place *à côté* des colons, sinon *parmi eux*. Il serait imprudent de compromettre les résultats déjà acquis. Et n'est-ce donc rien, pendant une insurrection provoquée au nom des passions religieuses, de voir la grande majorité des musulmans nous rester fidèles, non de cette fidélité qui laisse faire et reste spectatrice indifférente des événements, mais d'une fidélité active et militante. Spahis et turcos, caïds, djouad et simples khrammès, nous avons compté dans nos rangs des milliers d'auxiliaires, dont beaucoup ont eu à verser leur sang pour la France. Il y aurait la plus impolitique ingratitude à les en récompenser par une injuste méfiance, et c'est avec un vif regret que nous entendons exprimer des sentiments que l'on pourrait exploiter pour faire renaître des haines assoupies au prix de tant d'efforts. Songe-t-on bien, d'ailleurs, à ce que serait ce refoulement des indigènes, dont on parle d'une manière si dégagée? La question morale, à nos yeux, passe avant toute autre; la vie de l'homme nous

paraît sans prix ; mais, à ne considérer les choses qu'à un point de vue
purement matérialiste et utilitaire, la *matière humaine* est encore la
plus précieuse de toutes, et cela dans toutes les contrées de la terre.
Il y a quelque chose de bien plus désastreux qu'un pays hostile, c'est
un pays désert ; qu'on y réfléchisse bien. L'imprévoyante Russie,
qui poursuit avec une implacable persévérance ses plans de dépopula-
tion dans la Circassie comme dans la Pologne, ne tardera pas à éprou-
ver les difficultés qu'elle se crée par sa barbare conduite. Et nous-
mêmes, l'obstacle le plus grand qui s'oppose au développement de
nos colonies, n'est-ce pas le chiffre trop restreint des habitants.
L'indigène est et sera longtemps encore le principal producteur de
l'Algérie ; c'est lui dont le travail fournit à la consommation locale
et à l'exportation, lui dont les contributions enrichissent les budgets
communaux et départementaux. Sans lui, plus de culture, partant
plus de colonisation. La méfiance entre Européens et Africains, si
elle devait survivre au rétablissement de la paix, serait le plus malheureux résultat de l'insurrection, beaucoup plus regrettable pour les
colons que des pertes matérielles, qui seront avant peu réparées.

La première période de la domination française a été remplie par
une conquête des plus laborieuses, traversée par des révoltes réité-
rées, dont les chefs avaient des talents militaires incontestables. Il
fallait vaincre à tout prix, et la force était notre grand argument ;
mais alors même l'administration militaire s'est constamment pré-
occupée de légitimer la conquête en améliorant la position des vaincus ; de la justifier par la loyauté de sa conduite envers eux, par l'im-
partiale application des lois, la modération des impôts, l'équité avec
laquelle ils étaient répartis. Elle s'appliquait à rétablir partout la
paix, interdisait les guerres de tribu à tribu, luttait avec succès
contre ces habitudes brutales qui tantôt perpétuaient, comme en
Corse, les haines de famille, les dettes de sang, et ailleurs provo-
quaient les meurtres, en ne les punissant que d'une amende de
soixante-quinze francs pour celui d'un homme, de cinquante francs
pour celui d'une femme. On a souvent critiqué l'abandon du système
gouvernemental des Turcs, qui leur permettait d'occuper le pays avec
une très-petite armée, et d'en tirer de grands revenus. Mais, à l'honneur de la France, les mœurs publiques n'eussent pas permis ces rapines passées en usage, ces fonctionnaires achetant à haut prix leurs
charges, c'est-à-dire le droit de rançonner le peuple, cette perception
violente des impôts, qui n'était qu'une guerre incessante entre les
tribus maghzen et les tribus rayas. Le système a duré longtemps,
cela est vrai, mais parce qu'il n'a jamais été sérieusement attaqué, et
au bout de trois cents ans, les Turcs n'étaient pas mieux assis dans
le pays qu'à l'arrivée d'Aroudj et de Khraïr ed Din. Il a suffi de tou-

cher leur pouvoir fondé sur l'emploi unique de la force pour qu'il
croulât comme un château de cartes. Ils avaient *dominé*, pressuré
l'Afrique, sans avoir jamais songé à l'*administrer*. Dès la fin de la
guerre, nous étions plus avancés qu'eux sous ce rapport, et aujour-
d'hui nous sommes établis sur une base beaucoup plus solide qu'ils
ne l'ont jamais été. Malgré les grandes difficultés que nous opposait
la différence de religion, une sage conduite a rallié un certain nombre
d'indigènes. Le reste est l'affaire du temps ; le mouvement est commencé, il ne s'arrêtera plus.

Cette approbation de la conduite passée de l'administration de
l'Algérie ne veut pas dire cependant qu'aucun changement ne doive
y être apporté à l'avenir.

Le moment est venu de donner une impulsion nouvelle aux tentatives d'assimilation, d'attaquer résolûment des préjugés que nous
avons dû ménager d'abord, mais qui ne peuvent attendre toujours
les mêmes égards. Il faut entrer aussi en relation plus intime avec
les Africains. Les grands commandements des chefs indigènes avaient
leur raison d'être quand nous avions besoin de l'influence per-
sonnelle de ces personnages ; il faut arriver à leur suppression, mais
d'une manière mesurée, sans bouleverser les positions acquises.
L'organisation de la tribu nous est contraire, il faut l'affaiblir, et
rompre tout ce qui, en dehors de nous, fortifie l'unité arabe. On avait
organisé, il y a quelques années, les spahis en smalas, sur des terres
à l'État ou prises aux tribus. Cette intrusion, au milieu d'une agglo-
mération compacte, d'hommes venus de toutes parts, n'ayant d'autre
lien entre eux, d'autre droit au sol que ceux qu'ils tenaient de nous,
était une excellente chose. C'était, sous une forme infiniment plus
morale, un retour au principe du maghzen des Turcs. Des groupes
analogues ont été formés avec non moins de succès dans les plaines
des Hachem et des Beni Amer, lorsqu'il fallut repeupler les territoires
de ces tribus pour y assurer la sécurité. Pourquoi n'agirait-on pas
de même à présent, en installant une colonie indigène au centre des
Flittas, et disposant à cet effet du territoire des Cheurfa, ces incorri-
gibles maraudeurs, dont il faudrait faire un exemple, et que l'on
devrait transporter, non au Sénégal, où nous avons aussi à lutter
contre le fanatisme musulman, mais aux Antilles, où ils trouveraient
des terres à cultiver.

Les déplacements des indigènes, moins étendus qu'on ne le croit
généralement, sont très-fâcheux pour une double cause : ils dimi-
nuent l'action que nous aurions sur eux, et ils s'opposent au développement du bien-être, qui en ferait des consommateurs de nos
produits. On doit faire les derniers efforts pour les engager à adopter des résidences sédentaires. On l'a tenté, il est vrai, mais d'une

manière inintelligente et qui ne pouvait réussir. Certaines familles ont reçu l'injonction de se construire des maisons, et obtenu à cette occasion des subventions de l'État. Elles ont obéi, mais n'ont pas habité ces demeures d'où les chassaient après quelques mois la vermine et des accumulations d'immondices. Il aurait fallu d'abord qu'elles fussent habituées à la propreté, qu'elles connussent la valeur et l'emploi des fumiers. Les chefs indigènes, plus avancés sous ce rapport, se plaisent dans les demeures qu'on leur a construites.

On attache en ce moment une grande importance à la division de la propriété collective des tribus, à laquelle on voudrait substituer la propriété individuelle et une organisation communale à l'instar de la France. A bien peu d'exceptions près, cette mesure, qu'il faudra prendre un jour, est tout à fait prématurée. Outre les garanties d'ordre public qu'il serait encore difficile d'obtenir autrement que par le mode actuel, un grand nombre de ceux que l'on prétend élever à la position de propriétaires seraient hors d'état de tirer seuls parti du sol, car ils ne possèdent ni les animaux ni les semences nécessaires. Ils seraient donc forcés de vendre à vil prix la portion de terrain qui leur reviendrait, et n'ayant plus auprès d'eux des voisins disposant d'assez de terre labourable pour les employer comme khrammès, les malheureux se trouveraient tout à fait sans ressources.

Lors même que ces inconvénients pourraient être évités, ce n'est pas sans de grands ménagements qu'il faut transporter en Afrique les habitudes et les lois de la mère patrie. Cela est vrai surtout du régime communal. Une commune française est composée d'hommes nés, ou tout au moins domiciliés depuis longtemps dans la localité, attachés au sol par les liens de la propriété, ayant des intérêts et des sentiments semblables. Ils payent l'impôt, il est juste qu'ils en décident l'emploi. En Algérie rien de semblable. Les indigènes n'ont encore que peu d'idée des lois françaises ; ils sont régis par la législation musulmane, fondée sur les préceptes du Coran, et cette législation est déjà assez rude pour qu'on ne leur en impose pas une seconde. La moitié de la population européenne est étrangère, ne participe pas à la conscription, et ne peut réclamer les bénéfices d'une nationalité qu'elle ne recherche pas. Elle est d'ailleurs en partie flottante, se renouvelle incessamment et ne tient pas à la colonie. Parmi les Français, une notable portion n'arrive aussi qu'avec l'intention de s'en retourner au bout de peu d'années ; et lorsque l'on a voulu établir le système municipal dans les villes, l'État a dû fournir par des subventions la majeure partie du budget, rétribuer les maires, personne ne consentant à remplir ces fonctions gratuitement, et il s'est trouvé en droit de surveiller l'emploi de fonds qui provenaient de lui. De là, la tutelle sous laquelle se trouvent les communes algériennes, assemblage hétéroclite d'individus n'ayant rien de commun les uns avec les autres, sans force par elles-mêmes, et n'en apportant aucune à l'autorité centrale. C'est un rouage incommode, qui deviendrait une source inextricable de difficultés, le jour où l'on voudrait en étendre l'application aux indigènes.

La régularité et l'uniformité de l'administration française ne sont possibles que parce qu'elles sont passées dans nos mœurs. On s'exposerait à un échec dont les conséquences seraient fatales, si l'on prétendait changer par des articles de loi la propriété et la législation en Algérie, avant d'avoir préparé cette mesure par des modifications convenables dans les mœurs et dans la religion. Les mœurs et la religion des Africains, voilà donc ce qu'il faut attaquer. Longtemps on a cru tout changement impossible, tant les mœurs diffèrent des nôtres, tant la religion nous est hostile. Sans doute une telle œuvre ne saurait s'accomplir en quelques années, mais les Africains n'ont pas toujours habité sous des tentes. Ils ont été chrétiens avant d'être musulmans, pourquoi ne le redeviendraient ils pas? Pourquoi ne relèveraient-ils pas les villes qu'ils possédaient jadis, et que l'invasion arabe a ruinées? Ces hommes que l'on s'obstine à représenter comme nomades commencent à s'installer dans les fermes des colons; ils fournissent d'habiles ouvriers aux usines et aux mines de cuivre et de fer des provinces d'Alger et de Constantine. Il faut encourager, développer ces rapports avec nous. Pendant des années l'émigration française, bien que médiocre, dépassait ce que l'Algérie pouvait utilement recevoir. On cherchait prématurément à la développer; de là les souffrances, les mécomptes des colons. Aujourd'hui cela est changé, l'Algérie peut accueillir de 15,000 à 20,000 émigrants par année. Il faut les appeler, sans les livrer cependant à de trompeuses illusions. On les avait trop dirigés, trop aidés, trop habitués à compter plus sur l'État que sur eux-mêmes; c'est l'inverse qu'il faut faire. On doit aussi donner quelques facilités aux transactions foncières entre colons et indigènes, sous le contrôle de l'État bien entendu, car ces derniers sont des enfants imprévoyants, qu'il serait coupable de livrer à l'avidité des spéculateurs.

Des lois spéciales devraient simplifier les formalités de la naturalisation pour les étrangers fixés en Algérie, surtout pour les indigènes qui consentiraient à se soumettre à nos lois; et dès aujourd'hui, il s'en trouverait[1]. L'abandon, sous le rapport civil, de la loi musulmane, serait un grand pas vers l'abandon de ses dogmes pernicieux.

[1] A Alger et à Constantine, des Maures se sont présentés aux maires pour contracter des mariages sous l'empire de la loi française, qu'ils déclaraient connaître et préférer à la loi musulmane. Nous ne savons quelle réponse on leur a faite, ni si leur demande était admissible, d'après le texte du code civil.

Il faudrait, enfin, cesser de mettre obstacle à la propagande catholique. On nous respectera plus en nous voyant pratiquer ouvertement notre religion, qu'en nous voyant la dissimuler honteusement. Les musulmans ont toujours eu pour nos prêtres une grande considération, et, au plus fort de la guerre, Mgr Dupuch a pu traiter avec l'émir de l'échange des prisonniers français, qui étaient entre ses mains. Nous avons prouvé d'une manière assez péremptoire notre volonté de ne pas imposer aux consciences par la force, pour qu'il nous soit permis aujourd'hui d'accueillir celles qui voudraient venir à nous. Personne ne se convertira, diront quelques-uns. L'essai alors n'aurait rien de dangereux. Mais notre conviction est toute différente. Le christianisme a toujours eu d'ineffables consolations à offrir aux faibles et aux malheureux. C'est par les femmes et par les esclaves qu'il a conquis le monde romain. On sait le triste sort de la femme dans l'islamisme. Elle est bien autrement déshéritée que celle de l'antiquité, ou plutôt elle n'est rien : le livre de Mahomet n'ose même pas assurer qu'elle ait une âme, et ne la sépare pas nettement de la brute. Le Coran n'interdit pas la prière à la femme, mais ne dit point que la dévotion soit pour elle de quelque avantage. Cependant malgré tant d'efforts pour la rabaisser, elle occupe, ainsi que partout, une place immense comme épouse et comme mère dans ces familles où l'on affecte de la dédaigner. C'est elle, n'en doutons pas, qui la première se joindra à nous, elle qui nous donnera le moyen d'entamer une société qui nous repousse avec obstination et une religion qui nous combat avec acharnement.

———

Des personnes très-versées dans la connaissance des affaires arabes, ont bien voulu nous communiquer quelques remarques critiques relatives à notre étude sur les populations du nord de l'Afrique. Selon elles, les Arabes, dont l'invasion a complétement modifié un pays auquel ils ont imposé leur religion, leur langue, et une partie de leurs habitudes sociales, les Arabes n'auraient pu obtenir d'aussi grands résultats s'ils s'étaient trouvés dans un état d'infériorité numérique aussi sensible que nous l'avons dit.

« Les historiens, les littérateurs, qui fleurirent en grand nombre « sous le règne des souverains Almoravidés et Almohades, cher- « chèrent à flatter la vanité de ces princes africains, et leur témoi- « gnage menteur en a imposé à la postérité. Cependant, la race ber- « bère doit être rangée parmi les races humaines d'ordre inférieur. « Elle a peu profité du contact de la civilisation romaine, à la chute

« de laquelle les Africains étaient encore dans un état de demi-sau-
« vagerie. Les discordes intestines qui les divisaient en un nombre in-
« fini de tribus ennemies les unes des autres, se seraient toujours op-
« posées à leurs progrès intellectuels et politiques, s'ils n'avaient été
« soumis par un peuple d'une origine plus noble, les Arabes. A
« ceux-ci appartient sans conteste la grandeur des khalifats de
« Damas et de Bagdad, la fondation du brillant royaume de Cordoue.
« A eux aussi revient l'honneur d'avoir fait sortir pendant un temps
« l'Afrique de son antique obscurité. Ils y ont formé une aristocratie
« quasi-féodale, à qui l'orgueil du sang n'a pas permis de se mêler
« aux peuples vaincus. S'emparant des meilleures portions du pays,
« ils s'y sont établis en tribus bien distinctes : ce sont celles dont le
« nom commence par le mot *ouled* (enfants), tandis que le nom de
« celles d'origine indigène est précédé du mot *beni*, pluriel de forme
« berbère de *ben* (fils), qui, dans la forme arabe, serait *benou, benin*,
« ou *abena*. Bien que ces mots ouled et beni aient la même signifi-
« cation, on doit les interpréter dans un sens profondément différent :
« le premier représentant des *fils de famille*, le second les *gars des*
« *paysans*. Lorsque les Turcs, sous la conduite des deux frères Aroudj
« et Khrair ed Din, renversèrent toutes les dynasties berbères qui
« régnaient en Afrique, ils recherchèrent l'alliance des tribus nobles
« (*djouad*) de race arabe, les associèrent à leur pouvoir en qualité
« de *maghzen*[1], et c'est la prépondérance de cette courageuse et ha-
« bile cavalerie, dirigée par des hommes habitués au commande-
« ment, qui leur permit de dominer l'Algérie avec une très-faible
« troupe, toute composée d'infanterie, en sorte qu'il n'échappa au
« pouvoir des deys que quelques massifs montagneux, dont les habi-
« tants jouissaient d'une indépendance précaire et souvent contestée.
« Ainsi les tribus arabes devinrent le maghzen des Turcs, tandis que
« les Berbères furent *rayas* ou soumis, taillables et corvéables à merci,
« suivant une expression populaire. La race arabe a donc maintenu
« sa supériorité depuis l'époque de la conquête jusqu'à nos jours, et
« ne s'est pas fondue avec la race berbère à laquelle appartiennent les
« Kabyles des montagnes du littoral et les Chellouhs du désert, qu'un
« œil un peu exercé permet de distinguer des Arabes à des caractères
« de physionomie bien sensibles.

« Pendant que les Arabes formaient en Afrique une aristocratie
« militaire, les Berbères s'adonnaient à l'étude de la loi, et parmi eux
« se recrutent les *tolbas* ou lettrés qui tiennent les écoles, les mara-

---

[1] Maghzen a pour racine le mot *ghazna*, trésor. Dans le sens littéral, les cavaliers
du maghzen seraient les collecteurs armés de l'impôt, et par extension les agents
employés pour maintenir le pays dans une soumission, dont le payement régulier des
contributions est le signe apparent.

« bouts et autres docteurs qui acquièrent sur le peuple une influence
« plus ou moins grande, suivant l'opinion que l'on a de leurs con-
« naissances et de leur sainteté. Toujours en lutte contre le gouver-
« nement civil, ils ont cherché à en limiter le pouvoir par l'applica-
« tion des textes de la loi écrite, le Coran et les commentaires dont il
« a été l'objet. Cette opposition s'est accrue contre nous des préjugés
« religieux, et elle est devenue une hostilité cachée ou patente, selon
« l'occasion, mais toujours active. Les marabouts et tous leurs adhé-
« rents, à quelque titre que ce soit, sont des ennemis que nous
« devons détruire, car ils ne pourront jamais être ralliés. Au contraire,
« le maghzen ou les tribus arabes, agents habituels de l'autorité, dans
« ses excès comme dans la juste limite de ses droits, ont dû se déga-
« ger d'une grande partie de l'esprit intolérant de leurs coreligion-
« naires. C'est parmi elles, parmi les Coulouglis, que nous trouve-
« rons des agents dévoués, comme l'ont été le général Mustapha, El
« Mezari et quelques autres, disposés à accepter notre suprématie,
« comme ils avaient accepté celle des Turcs, et le rétablissement, à
« quelques différences près, de l'institution du maghzen nous per-
« mettrait de réduire beaucoup l'armée d'occupation, et de rendre
« disponible une partie des troupes que nous avons en Afrique. »

Tels sont, résumés aussi fidèlement que possible, les arguments
que l'on nous a opposés. Nous les connaissions déjà en grande
partie lorsque nous avons publié notre premier travail, car ils résu-
ment l'opinion de beaucoup d'officiers des bureaux arabes, celles
émises par le général Walsin Esterhazy, dans son intéressant ouvrage
sur la domination turque en Algérie. Sans chercher à en affaiblir la
valeur, nous devons dire qu'ils n'ont pas modifié l'impression générale, résultat de nos laborieuses études. En voici le motif :

Les auteurs anciens ne nous ont transmis que des notions très-
vagues sur les premiers habitants de l'Afrique, pays qui pour eux ne
commençait qu'à l'ouest de l'Égypte, au désert de Barca. On ne saurait
accorder la moindre valeur aux récits qu'ils nous font d'émigrations
de Perses et de Mèdes [1], noms sous lesquels ils comprenaient sans
doute bien d'autres peuples de l'Asie. Mais ceux de ces écrivains à
qui nous accordons le plus de créance, Salluste, Strabon, Ptolémée,
saint Augustin, nous assurent que tous les Africains se ressemblaient
par leurs mœurs et leur manière de vivre.

On ne saurait, dit Strabon, faire la moindre différence entre les

---

[1] Salluste prend ces derniers pour les ancêtres des Maures, qui habitaient, dit-il,
au delà de la Moulouya, car il donne de leur nom cette étymologie bizarre : « Nomen
eorum paulatim Lybies corrupere, barbara lingua *Mauros* pro *Medis* adpellantes. »
Nous pouvons néanmoins en conclure que, pour Salluste, les Maures étaient un
peuple de race blanche.

Massyliens et les Massœsyliens. Ils étaient errants, assure Salluste : *et quia sæpe tentantes agros, alia, deinde alia loca petiverant, ipsi Numidas appellaverant.* Numides n'est donc que la traduction en grec du nom que ces peuples se donnaient, et qui n'est pas venu jusqu'à nous. Les Carthaginois, mettant uniquement leurs soins à étendre leur commerce, ne cherchèrent pas à améliorer la position des habitants du pays. A la chute de leur pouvoir, un grand homme, qui hérita de la plupart de leurs possessions, Massinissa, fit du bonheur de ses peuples la grande préoccupation de sa longue carrière. Il fixa les nomades, leur enseigna l'agriculture, fit bâtir des villes et prit en tout la civilisation grecque et romaine pour modèle. C'était un berbère, et il donna à son pays une impulsion qui lui survécut.

La société de ces temps reculés nous est trop imparfaitement connue pour que nous puissions dire jusqu'à quel point les Africains approchèrent de leurs modèles. Nous savons seulement qu'ils ne se fondirent jamais bien avec les colons romains, comme le firent les Gaulois. Mais, quelque degré de barbarie qu'on veuille encore leur conserver, on ne saurait admettre, ce nous semble, qu'ils fussent, à l'époque des prédications de Mahomet, inférieurs aux Arabes, condamnés par la nature de leur pays à une vie presque toujours errante. Si ceux ci atteignirent en peu d'années un rang élevé dans la hiérarchie intellectuelle des peuples, c'est que la Perse, la Syrie et l'Égypte ayant été conquises sans résistance, la civilisation n'y périt pas comme dans l'Occident, ravagé pendant des siècles par les invasions des barbares. En Espagne aussi, les Arabes triomphèrent des Visigoths en une seule bataille, et le pays entier leur fut soumis. Partout donc ils purent profiter de ce que leurs prédécesseurs avaient établi ou organisé. Il arriva même qu'un gouvernement fort et vigoureux remplaçant un gouvernement faible et énervé, le commerce, les arts, la littérature purent prendre un nouvel essor. Comme en Chine, où l'on vit à différentes reprises les conquérants tartares adopter les mœurs des vaincus, les Arabes se façonnèrent très-vite au bien-être et aux habitudes intellectuelles et physiques des Grecs et des Perses. Ils allèrent jusqu'à faire fléchir les prescriptions rigoureuses du Coran, ainsi que l'attestent les nombreux poëmes où ils célèbrent le vin, que ne dédaignaient pas les khalifes, ces commandeurs des croyants. Les écoles célèbres de l'Orient et de l'Espagne furent bien souvent la continuation de celles où l'on enseignait la philosophie grecque, dont le souvenir fut transmis par les Arabes à l'Europe, où elle avait péri.

L'Afrique ne se trouva pas dans ces conditions favorables. La victoire fut longuement disputée; non-seulement la résistance des Berbères empêcha les Arabes d'y fixer le siége de leur gouvernement, mais elle les éloigna du pays. Ils ne firent que le traverser pour se rendre en Espagne, à ce point que le célèbre géographe Aboulfeda [1] l'appelait *la terre de passage*. Après une soumission momentanée, les indigènes combattirent avec un succès toujours croissant le pouvoir des khalifes et des émirs qu'ils envoyaient à Cairouan. Mais comme aucune tribu ne fut assez puissante pour acquérir une prépondérance durable, ou assez habile pour amener les tribus rivales à reconnaître sa suprématie, le pays se consuma en luttes sans issue. Peut-être les dynasties almoravide et almohade auraient-elles eu un meilleur succès si elles avaient borné leurs efforts à la domination de l'Afrique, au lieu de poursuivre la conquête de l'Espagne, entreprise trop au-dessus de leurs forces.

Quoi qu'il en soit, il n'y a à compter avec l'élément arabe dans l'histoire du pays, qu'à partir seulement de la deuxième invasion : celle provoquée par la révolte d'El Moëzz, le prince zénaga de Tunis, en 1045. L'imagination populaire, surexcitée par la grandeur des dévastations a porté le nombre des émigrants au chiffre fabuleux d'un million, qu'on ne saurait admettre, parce qu'il est matériellement impossible à une population aussi nombreuse de franchir les déserts sans eau qui séparent l'Égypte de Tripoli et Tripoli de Tunis. Nous savons d'ailleurs, par des historiens dignes de foi, que l'émigration ne se composa que des trois tribus Yéménites d'Hilal, de Djochem, de Soleim, des Makhils et des Beni Corra, tribus peu nombreuses, quoique grossies d'aventuriers des nationalités les plus diverses. Ces tribus, dès leur arrivée, n'appartenaient donc pas à la race arabe pure, et l'on sait aussi que plus tard elles durent, à différentes époques, admettre dans leurs rangs d'importantes fractions des tribus indigènes.

Sans doute ceux-mêmes des nouveaux venus qui n'y avaient pas droit s'attribuèrent la qualité d'Arabe, considérée comme glorieuse au double titre de la religion et de la victoire; sans doute ils firent sonner très-haut leur qualité de djouad, celle même de mehal, donnée aux Arabes de familles inférieures; mais peut-on croire qu'ils se soient conservés purs de tout mélange avec les Berbères, en dehors des exceptions que nous avons signalées. Dans tous les pays la beauté a paru une excuse plausible des mésalliances. A plus forte raison en est-il ainsi dans une société qui admet la polygamie, où le fils d'une esclave, d'une négresse même [2], n'est pas traité autrement que celui dont la mère appartient à une famille noble. Il existe en grand nombre

---

[1] Aboulfeda, prince de Hama, en Syrie, vivait au quatorzième siècle. Quoique Arabe d'origine, il déplore la dévastation que ses compatriotes ont promenée en Afrique, et il cite en particulier la province de Barca comme entièrement dépeuplée par eux. Elle n'a pas été repeuplée depuis.

[2] Le sultan actuel de Maroc est mulâtre.

des exemples authentiques d'union entre les Arabes, mehals ou djouad, et des femmes berbères. Ainsi a dû se compléter le mélange des races.

Comme beaucoup d'autres, nous avons remarqué les différences physiques très-sensibles qui existent entre les montagnards kabyles, les habitants de la plaine et ceux du désert, mais malgré un examen attentif, nous n'avons pu saisir aucun contraste qui ne fût facile à expliquer par la dissemblance des climats, et par une manière de vivre tout opposée depuis des siècles. Ce genre d'influence est apparent pour les races les mieux caractérisées. Le type juif est certes le plus remarquable qu'il y ait en Europe, et les juifs ne s'unissent qu'entre eux; il y a cependant des différences frappantes entre un juif algérien et un juif allemand ou polonais. Que l'on réfléchisse au soin persévérant avec lequel les gens riches, tous ceux qui désiraient se soustraire aux exactions des bandes pseudo-arabes, ont dû chercher à se faire donner cette origine honorable, et l'on reconnaîtra combien il est difficile de se débrouiller au milieu des prétentions contradictoires des tribus ou des familles qui se disent djouad et refusent ce titre à leurs voisins. Il en est qui n'ont pas cessé de parler l'idiome berbère, comme les Beni Mzab et les Ouaregla et ce ne sont pas celles qui présentent les titres les plus défectueux.

La qualité d'ouled, qui représente assez bien notre terme de fils de famille, n'est pas elle-même un criterium certain. Prise souvent par ceux qui avaient des prétentions à la noblesse, elle s'est acquise par la prospérité, perdue par les revers. On ne peut pas dire qu'elle s'est appliquée toujours et d'une manière exclusive aux Arabes de race; exemple les Beni Corra, qui faisaient partie de la deuxième invasion. Ibn Khaldoun, le savant Arabe qui a écrit l'histoire des Berbères, fait précéder du nom d'ouled une foule de tribus d'origine africaine. Quant au mot *beni*, par une corruption du dialecte parlé au Maghreb, il s'est substitué partout à celui *benou* qui appartient à un langage plus pur.

Il n'est pas plus juste de prétendre que le maghzen des Turcs a été formé de tribus se disant Arabes ou prenant le titre d'ouled, car on y comptait les Beni Chougran, les Beni Greddou, etc., tandis que les Ouled Riah, les Ouled Farès, les Attafs, les Ouled Souïd qui avaient, de l'aveu général, des Arabes pour ancêtres, n'en faisaient pas partie. Il s'y trouvait même des tribus issues d'esclaves noirs amenés du Soudan, les Smélas, les Abid, où par une longue suite des croisements le type nègre a aujourd'hui disparu, tandis qu'il a altéré sur bien des points la couleur des populations marocaines. Il est donc permis de croire que les Turcs ne se sont pas préoccupés beaucoup de l'origine des tribus qu'ils appelaient à l'honneur de les servir. S'ils ont préféré celles qui avaient la plus haute réputation de vaillance, la distribution des territoires occupés par les maghzen donne aussi à penser que leur choix a eu surtout pour objet de s'assurer une ligne de communication continue au milieu du Tell, depuis Tlemcen jusqu'au delà de Constantine, de manière à scinder toute tentative de résistance chez les tribus rayas. Une fois ce choix fait il a dû avoir pour conséquence naturelle de développer à un haut degré, chez les tribus maghzen, par l'habitude des armes et l'exercice du commandement, toutes les qualités de l'homme de guerre et elles se sont fait redouter des rayas à tel point que l'intervention des Turcs de l'odjak n'a presque jamais été nécessaire pour maintenir l'ordre dans les provinces.

Nous ne saurions dire si aujourd'hui il y a plus de derviches et de marabouts d'origine berbère que d'origine arabe ; mais l'institution remonte aux premiers temps de l'islamisme, quoique certainement les grands mouvements religieux des Almoravides et des Almohades lui aient fait prendre un grand essor dans le Maghreb. Il est certain pourtant que plusieurs familles de marabouts très connues en Algérie, les Bou Medin, par exemple, sont arabes. D'autres prétendent l'être comme les Sidi Chiqr, sans que nous soyons en mesure de nous prononcer sur la réalité de leurs droits.

Tout le monde nous paraît s'accorder à penser que les chefs militaires méritent plus notre confiance que les chefs religieux. Nous en avons plus haut développé les motifs ; mais l'administration de l'Algérie n'a, croyons-nous, appelé que trois de ces derniers au pouvoir, et tous dans des circonstances exceptionnelles. Si Hamza, des Ouled Sidi Chiqr ; Sidi Larribi, le khalifa de la Mina, qu'une dette de sang rendait l'ennemi irréconciliable d'Abd el Kader et Tedjini, qui s'est soumis à nous avec le peuple d'Aïn Madhi, qu'il gouvernait et qui a toujours cherché à maintenir la tranquillité dans son rayon d'action. Quant au rétablissement du maghzen, sous son ancienne forme il nous semble en opposition complète avec nos mœurs et avec la civilisation dont nous voulons importer les bienfaits en Afrique. Ajoutons d'ailleurs que les plus importantes des tribus maghzen ont pris l'initiative de la résistance à notre pouvoir. Les chefs des Hachem, des Beni Amer et des Gharabas, frappés du désordre excessif produit par l'interrègne gouvernemental qui a suivi le départ des Turcs, ont porté au pouvoir le fils de Mahi ed Din, l'ont suivi dans la bonne et dans la mauvaise fortune, ont émigré avec lui au Maroc, et ces valeureuses tribus ont péri presque entières dans les vicissitudes d'une guerre ardente et prolongée. Ce qu'il en reste aujourd'hui ne nous donnerait qu'un appui tout à fait insignifiant. Les péripéties de la lutte, le changement de régime, a pesé presque autant, mais d'une autre manière, sur nos alliés fidèles, les Douairs et les Smélas. Plus d'un brillant cavalier de ces tribus est maintenant tout bonnement le fermier d'un colon, et c'est une transformation qui n'est pas à regretter. Loin de chercher à rétablir un état de choses, aujourd'hui disparu sans retour, il nous semble préférable de favoriser tout ce qui peut amener le mélange des indigènes et des Européens, et ramener les mœurs et la religion des premiers à celles des derniers.

www.ingramcontent.com/pod-product-compliance
Lightning Source LLC
Chambersburg PA
CBHW071010280326
41934CB00009B/2241